VIVIR Y AMAR
DESPUÉS DE UNA
TRAICIÓN

VIVIR Y AMAR
DESPUÉS DE UNA TRAICIÓN

Cómo sanar el abuso emocional,
el engaño, la infidelidad
y el resentimiento crónico

DR. STEVEN STOSNY

AGUILAR

Vivir y amar después de una traición
Cómo sanar el abuso emocional, el engaño, la infidelidad y el resentimiento crónico

Título original: *Living and loving after betrayal*

Publicado por: New Harbinger Publications, Inc., CA.
D.R. © 2013, Steven Stosny

Primera edición: febrero de 2015

D. R. © 2015, Santillana Ediciones Generales, S.A. de C.V.
Miguel de Cervantes Saavedra 301, Piso 1,
Col. Granada, Del. Miguel Hidalgo, C.P. 11520,
México, D.F.

Comentario sobre la edición y el contenido de este libro a:

megustaleer@penguinrandomhouse.com

Traducción: María Andrea Giovine
Diseño de cubierta: Ramón Navarro

ISBN: 978-607-113-659-6

Impreso en México / *Printed in Mexico*

"*Vivir y amar después de una traición* ofrece una cuerda firme para salir de la tristeza y de la desesperación en la que se hunden las parejas luego de una traición. La guía de Stosny para sanar el dolor de la traición es la más útil que he visto en veinticinco años de ejercicio clínico."

Ronald J. Coughlin, psicólogo certificado, con veinticinco años de experiencia dando consulta privada de tiempo completo.

"Vivir una vida sin dolor es imposible, necesitamos entender y seguir la sabiduría de *Vivir y amar después de una traición*. Stosny, uno de los expertos en relaciones más respetados hoy en día, entiende cómo crecer y tener una vida más satisfactoria después de haber sido lastimado profundamente por alguien. Este libro es una herramienta sencilla para lidiar de manera eficaz con todo el espectro de decepciones y dolores ocasionados por las relaciones."

Jon Carlson, psicólogo y profesor distinguido de la División de Piscología y Asesoría de la Governors State University.

"Ésta es una guía para sanar de una traición íntima sorprendentemente llena de sabiduría y compasión. Te ayudará a recuperar lo mejor de ti en lugar de permanecer estancado en el enojo o la ansiedad. Pediré a mis pacientes que lean este libro y se lo regalaré a mis seres queridos en su camino de sanación."

Dr. William J. Doherty, profesor y director de parejas de Minnesota en el Proyecto Brink de la Universidad de Minnesota y autor de *Take Back Your Marriage* [*Recupera tu matrimonio*].

"Stosny abre un nuevo camino para quienes intentan superar algún tipo de traición o violación de los lazos íntimos de sus relaciones. Lleva al lector más allá del dolor —incluso de la sanación— a la zona de dominio personal a través de la compasión. Este libro es una lectura obligada para cualquiera que haya sentido el dolor y la decepción de una relación que terminó en traición."

Pat Love, psicóloga y coautora de *How to Improve Your Marriage without Talking about It* [*Cómo mejorar tu matrimonio sin hablar al respecto*] y *Never Be Lonely Again* [*Nunca estar solo otra vez*].

"Este excelente libro trata sobre un aspecto que a menudo se pasa por alto respecto a cómo sanar después de una traición: la autosanación. Cuando nos lastiman, nuestra atención se vuelca al responsable de la herida, nuestra pareja. Pero parte del verdadero trabajo que hay que hacer es en uno mismo. Si has sentido los efectos devastadores de la traición, este libro es una lectura obligada que te ayudará a recuperar tu fuerza interior y la fe en ti mismo para superar los periodos difíciles y salir bien librado. Los ejercicios diseñados por Stosny te ayudarán a aplicar a tu situación específica lo que aprendas. ¡Sentirás que tienes a un maestro personal que te guía hacia mejores tiempos!"

Michele Weiner-Davis, autor de *Divorce Bursting* [*Explosión de divorcios*] y *The Sex-Starved Marriage* [*El matrimonio privado de sexo*].

A mis miles de pacientes que han demostrado el asombroso valor de sanar y crecer a partir de las profundidades de la traición en las relaciones.

Y, como siempre, a mi madre, que superó todas las formas de traición íntima para convertirse en una persona amorosa, compasiva y poderosa.

Índice

Introducción 13

Parte I El inicio de la sanación y el empoderamiento 17

1. Huellas en el corazón y en el alma 19
2. Cómo usar la motivación natural del dolor
   para sanar. 33
3. Cómo desarrollar una identidad de sanación 43
4. Cómo usar imágenes restaurativas para sanar
   recuerdos dolorosos 59

Parte II Volver a entrenar el corazón que se recupera 71

5. La clave para sanar y crecer: Tu valor esencial 73
6. Cómo recurrir a tu valor esencial bajo presión:
   Tu banco de valor esencial 91
7. La traición íntima y el estrés postraumático 107
8. Cómo transformar la culpa y la vergüenza
   ocultas en autocompasión. 121
9. Cómo superar el resentimiento y el peligro
   de confiar 135

Parte III Volver a amar 157

10. El camino hacia la confianza prudente 159
11. Cómo saber si sales con alguien que te traicionará . . 173
12. La intimidad y el corazón hambriento 183

Parte IV Reconstruir una relación traicionada 201

13. Cómo reconstruir una relación con la persona
    que te traicionó. 203
14. El proceso de reparación compasivo 219
15. El dilema de la reconexión 239

Epílogo: Sanar, reparar, perdonar 259
Referencias 265

Introducción

Si te has sentido traicionado por tu pareja en una relación de compromiso, sabes muy bien que la traición íntima es un dolor como cualquier otro, que golpea el centro de nuestra capacidad de amar y de confiar. Este dolor, extraordinariamente fuerte y duradero, casi siempre inunda otras áreas de la vida. La eficiencia en el trabajo de la mayoría de las personas que sufren de ello se va a pique. Algunos se sienten incapaces de retomar su nivel normal de atención en cualquier relación, incluyendo amigos, padres e hijos. Muchos se quedan con la sensación de que no son merecedores de amor. La mayoría soportan largos periodos de dolor adormecido o depresión, que de repente incluyen torrentes de ira, vergüenza, culpa, ansiedad, resentimiento y tristeza.

La fuerza destructiva y los efectos duraderos de la traición íntima provienen de su violación a la promesa implícita que nos da valor para amar en primer lugar: la promesa de que, sin importar lo que suceda, la persona a la que amas y en quien confías se preocupará por tu bienestar y nunca te lastimará intencionalmente.

Esos dos elementos clave clasifican los tipos de traición íntima. Comportamientos que *lastiman intencionalmente* incluyen la mayor parte del abuso emocional, la agresión verbal y la violencia doméstica. El no preocuparse por tu bienestar abarca la mayor parte de los engaños, infidelidades, mal uso de recursos comunes, resentimiento, enojo, crítica, bloqueo y otros comportamientos que lastiman.

Piensa en sanar y crecer, no en poner etiquetas

Para fines de este libro, definiré la traición emocional como cualquier cosa que te dejó sintiéndote traicionado, herido, enojado y desconfiado, con efectos secundarios de recuerdos dolorosos. Dicho esto, etiquetar comportamientos específicos, como "traición" o "engaño", no es el objetivo de este libro, y no sólo porque las etiquetas simplifican en exceso tanto los patrones de comportamiento complejos como los contextos en que se presentan, lo más importante es que nadie debe hacerte sentir que necesitas explicar tu experiencia o justificar tu dolor con el fin de calificar para una etiqueta determinada. Intentar definir tu circunstancia mediante etiquetas específicas evitará que te mantengas concentrado en la magnitud y las causas de tus heridas en vez de en sanarlas y superarlas; es decir, grabará las huellas de la traición en tu corazón y tu alma. Probablemente has tenido discusiones con la persona que te traicionó respecto a las etiquetas que corresponden a su comportamiento: tú lo viste de cierta manera y él negó, minimizó, evadió o culpó. Dichas discusiones son tan inútiles como frustrantes. Lo peor es que oscurecen el tema más vital: tu dolor, que pareció perderse en disputas sobre etiquetas de comportamientos y caracterizaciones.

Vamos a declarar algo desde el principio: No tienes que justificar tu dolor ni encajar en ningún tipo de categoría. Tampoco caracterizar el comportamiento de tu pareja con etiquetas sacadas de un libro. Lo único que importa es que te lastimó y mereces enfocar tus enormes recursos emocionales en la difícil tarea de sanar, recuperarte y crecer. Este libro te dará el valor y las habilidades para lograrlo.

Primero sal del hoyo

No usaré las páginas de este libro para explorar detalles sobre tipos específicos de traición íntima ni cómo se presentan. Es probable que hayas investigado lo suficiente al respecto, pues existe la tendencia de preocuparnos por las minucias de cómo hemos sido maltratados, lo cual sólo distrae del proceso de sanación.

Tampoco voy a especular sobre las motivaciones de tu pareja carente de fe, pues existe una inclinación igualmente terrible a vivir demasiado en la cabeza de la persona que te traicionó, lo que fácilmente puede hacerte perder la brújula en cuanto a quién eres. En lo que se refiere a recuperarse de una traición íntima, es mejor salir del hoyo antes de especular sobre por qué te metiste en él. En este sentido, el libro se enfocará en sanar las heridas comunes a todas las formas de traición y en superar los efectos negativos de las fallas de tu pareja, sin importar qué las haya o no ocasionado.

Si decides reparar la relación con la persona que te traicionó, estoy convencido de que debes pasar por el proceso de sanación individual que se propone en este libro antes de reparar ésta. De lo contrario, quizá termines sacrificando sanación y crecimiento personales en aras de salvar una unión dañada, que no se puede reparar de manera significativa mientras todavía haya heridas abiertas. Por ello, los capítulos sobre cómo reparar relaciones se encuentran al final.

La mayor parte del libro se centra en cómo superar las muchas barreras para sanar y en forjar un camino a través de aquellos obstáculos que inhiben el crecimiento y opacan la recuperación total.

Asombro y valor

Me asombra el gran valor de muchos pacientes con los que he tenido el privilegio de trabajar en mis muchos años de consulta. Casi 3 000 están más que curados de las heridas causadas por diversas formas de traición íntima; han trascendido todos los efectos secundarios de su dolor para convertirse en las personas compasivas, emocionalmente abiertas y de mentalidad justa que estaban destinadas a ser. El espíritu humano es increíblemente resistente e inspirador en su habilidad de crecer más allá de las cicatrices del maltrato.

De la misma manera en que mis pacientes me han inspirado, espero que este libro llene de poder, valor y tranquilidad a quienes sufrieron. Mi trabajo con personas que han soportado el peor tipo de dolor emocional me ha convencido de este hecho:

Concentrarse con determinación en sanar, crecer y crear una vida que valoras profundamente es la única forma confiable de sanar del pasado e impedir la traición en el futuro.

Nota de estilo: En un esfuerzo por evitar la incomodidad en el uso de pronombres y eliminar la imparcialidad de género, me he propuesto alternar los pronombres personales.

Parte I

El inicio de la sanación y el empoderamiento

A las numerosas formas de traición íntima le sigue una espantosa montaña rusa de emociones perturbadoras. Como si no fuera ya bastante malo, las defensas naturales para lidiar con el dolor intolerable, a la larga y con mucha frecuencia, sirven para prolongar el sufrimiento, retrasar la sanación e inhibir el crecimiento. Esta sección del libro te permitirá entender más a fondo el dolor, que evolucionó para mantenernos seguros y bien. Te mostrará cómo usar la motivación natural para sanar, reparar y mejorar. Lo más importante: te mostrará cómo desarrollar una "identidad sanadora" para poner en marcha todos tus recursos intelectuales, emocionales y espirituales, y así sanar y crecer.

1. Huellas en el corazón y en el alma

Fuertes razones biológicas explican por qué la traición íntima duele tanto y es tan difícil de superar. Las relaciones amorosas se sostienen por lazos emocionales estrechos que son cruciales para la supervivencia de nuestra especie.

La mayoría de los antropólogos están de acuerdo en que los primeros seres humanos no habrían podido sobrevivir sin fuertes lazos emocionales, que nos hicieron cooperar para recolectar alimentos y defender territorios. No es de sorprender que hayamos desarrollado reacciones emocionales preverbales, prerracionales, y automáticas a comportamientos y actitudes que amenazan los lazos emocionales; éstas se desarrollaron en nuestro cerebro desde tiempos prehistóricos, cuando abandonar el núcleo de la tribu significaba una muerte segura por inanición o ante el ataque de un tigre dientes de sable.

Las reacciones a la traición íntima a menudo incluyen una sensación vaga de que podrías morir. Esa sensación es sumamente irracional, porque emana de una parte primitiva del cerebro; sin embargo, es potente y real. De hecho, la mayor parte de los suicidios resultan de la pérdida de apego, al igual que los homicidios más íntimos.

De qué manera te afecta

La traición íntima altera tu vida por completo en una de dos maneras: mediante una revelación repentina o al "irte cayendo el veinte" poco a poco.

Con el engaño, el fraude y la infidelidad, descubres que tu pareja ha mentido, manipulado, robado o engañado. Tal vez hayas pensado que algo andaba mal, pero ninguna sospecha mitigará la sorpresa y el dolor del golpe de la confesión de tu pareja, la narración de un testigo, los correos electrónicos o mensajes de texto descubiertos, o la incontrovertible evidencia. En un instante te das cuenta de que tu vida no volverá a ser la misma.

Algunos rostros de la traición íntima —como el abuso o verte obligado a andar siempre de puntitas para no alterar a un compañero crónicamente resentido, enojado, crítico, cerrado u obsesivo— golpean con la misma fuerza, pero te das cuenta de una forma más gradual de en qué se ha convertido tu vida. Tal vez durante mucho tiempo trataste de ver de la mejor manera el mal comportamiento de tu pareja, al pasarlo por alto, disculparlo o simplemente negarte a identificarlo. Es probable que tu instinto para adaptarte, cooperar y confiar resulte útil en la mayoría de las relaciones. No obstante, tus nobles esfuerzos por mantener los lazos con tu pareja (y proteger a sus hijos, si los tienen) pueden retrasar el reconocimiento de la traición sufrida.

El piso de la seguridad se derrumba

Ya sea que te golpee una revelación o que te des cuenta poco a poco, la traición íntima te mueve el piso. La mayoría de mis pacientes describen el resultado inicial de la revelación como una caída libre, sin fondo a la vista. La sorpresa y el descrédito se acompañan por olas de crueles dudas respecto de uno mismo: ¿Fui lo suficientemente atractivo, inteligente, exitoso, interesante, presente, atento, amoroso, paciente o sacrificado?

El nuevo piso: enojo

La sorpresa, el descrédito y las dudas respecto de uno mismo tal vez dieron paso a un intenso enojo que corre por tus venas cada vez que piensas en la traición, que puede ser a menudo. La atemorizante inseguridad y la total impotencia de esta situación de caída libre explican por qué la traición de cualquier tipo estimula los tipos más virulentos de enojo. La traición y el enojo son típicamente inseparables, por un tiempo. Las razones se deben más a la biología que a la psicología.

El enojo, una emoción de supervivencia común a todos los mamíferos, tiene poderosos componentes analgésicos y anfetamínicos que, durante cierto lapso, adormecen el dolor y proporcionan una fuente de energía para superar la amenaza percibida. Dichos efectos permiten a los animales huir cuando son vulnerables a una amenaza o luchar cuando escapar no es posible. Por esta razón, los debilitados tienden a ser asustadizos y los heridos se vuelven feroces.

El mismo mecanismo protector común a todos los mamíferos se activa por la traición íntima. La fuente de energía y las cualidades que adormecen el dolor en el enojo, temporalmente alivian la sensación de indefensión, la duda en uno mismo y la vulnerabilidad.

Riesgos altos en el resultado de la traición íntima

Casi todo mundo bebe más alcohol tras una pérdida de cualquier tipo, incluyendo la traición íntima. Aunque es un cliché, "ahogar las penas" después de la pérdida de apego tiene un apoyo empírico considerable (Byrne, Raphael, Arnold, 1999: Wingood, DiClemente y Raj, 2000).

Una forma más sutil de trampa adictiva afecta a quienes no beben. El efecto analgésico del enojo alivia el dolor de manera temporal. Por ello dices una grosería cuando te pegas en el pulgar al colgar un cuadro. Por ello los atletas que se enojan en el juego se rompen un hueso sin darse cuenta. Por ello nos ponemos irritables cuando estamos enfermos o sentimos dolor. Cualquier cosa que lo alivie puede volverse psicológicamente una adicción, o por lo menos un hábito, dado que el cerebro asocia de manera indeleble el dolor con aquello que lo alivia.

La mayor trampa adictiva del enojo se presenta a partir de su efecto anfetamínico. Las anfetaminas (drogas que "aceleran") proporcionan una fuente de energía, un aumento de seguridad y una sensación de poder. Por supuesto, los efectos de empoderamiento duran poco. La fuente de energía, seguridad y poder termina de manera abrupta; en otras palabras, te desplomas. Los brotes de enojo y resentimiento siempre te dejan en un punto más bajo del que te encontraron; por lo menos te sientes un poco deprimido o adormecido.

Así que éste es el ciclo que generalmente surge como resultado de la traición íntima: Piensas en la traición y te enojas. El enojo incrementa tu energía, seguridad y sensación de poder. Luego se presenta el desplome anfetamínico. La pérdida de energía y poder crea un vacío, que pronto se llena con dudas sobre uno mismo, depresión o adormecimiento. Vuelves a pensar en la traición y te enojas de nuevo, sólo para volverte a desplomar perdiendo el ánimo, con dudas y depresión, o en un total adormecimiento. No seguiré repitiendo este ciclo para que tu cerebro piense en la traición de tal manera que el enojo temporalmente te empodere contra los terribles sentimientos que vienen después de un desplome anfetamínico. No es que te guste pensar en ello, es sólo que al hacerlo se siente mejor que el dolor, la depresión y el adormecimiento, por lo menos mientras duran los efectos analgésicos y de adrenalina del enojo que, para la mayoría de las personas, no es por mucho tiempo.

Pocos podemos tolerar una montaña rusa de enojo intenso, depresión, enojo intenso, depresión y así sucesivamente. Tendemos a reducir las crestas y valles al mantenernos un poco resentidos todo el tiempo. El resentimiento contenido impide que nos enojemos y nos deprimamos mucho. Es comprensible y natural usar el resentimiento para evitar esa montaña rusa de enojo y depresión que sigue a la traición íntima. Todos mis pacientes traicionados lo han hecho por un tiempo antes del tratamiento. Sus vidas se habían convertido en impulsos desprovistos de alegría para hacer las cosas. Hacían todo lo que necesitaban —el resentimiento contiene suficiente energía para mantenerte en marcha— pero no estaban interesados en lo que hacían y no disfrutaban prácticamente nada. (El resentimiento crónico devora la energía emocional que normalmente se invertiría en interés y disfrute.) Cometían más errores que de costumbre en el trabajo, se sentían tensos e irritables la mayor parte del tiempo y no eran tan dulces como quisieran con sus hijos. La pérdida de la alegría es sólo una de las muchas consecuencias de la traición íntima.

Lo más injusto de la traición íntima

El enojo evolucionó para proporcionar una sensación de poder ante una amenaza. El enojo es la única emoción que moviliza por completo al sistema nervioso central, a cada órgano, grupo muscular y a la mayor parte del sistema metabólico para generar el poder necesario en respuesta de lucha o huida. Más que cualquier otra experiencia interna, el enojo incrementa los sentimientos de poder. Si la pérdida de éste fuera el problema en la traición íntima, el enojo sería la respuesta. Pero el gran dolor de la traición íntima tiene poco que ver con la pérdida de poder. La carencia de valor que percibes es lo que causa tu dolor... te sientes menos susceptible de ser amado.

Para recuperarte, debes hacer lo que te haga sentir más valioso y más apreciado, no lo que te haga sentir más temporalmente poderoso. No obstante, las reacciones defensivas a la traición íntima —aunque muy naturales y justificables— te obligan a desarrollar respuestas estrechas y rígidas que inhiben tu crecimiento y erosionan aún más el valor que tienes a tus ojos. Si permites que marchen en piloto automático, te convertirán en alguien que no eres.

Por qué es tan difícil ser tú mismo: reactividad emocional

Las reacciones emocionales son una respuesta automática, generalmente inconsciente y visceral, ante acontecimientos, situaciones o personas percibidos como negativos; te dificultan ser tú mismo después de la traición íntima. Casi todo (escenas de una película, sucesos deportivos, correos electrónicos, llamadas inesperadas) puede detonar recuerdos o impresiones de la traición y desencadenar emociones intensas. Los detonantes se pueden generalizar a casi todas las personas con las que interactúas, es decir, un sentimiento negativo en cualquier otra persona —por la razón que sea— puede estimular un caos emocional o una actitud defensiva en quienes sufrieron una traición íntima. En su peor punto, las reacciones profundamente emocionales se apoderan de tus pensamientos y sentimientos, y con demasiada frecuencia hacen que te comportes de manera extraña. Por ejemplo, mi paciente Debbie, que ha tratado con pinzas durante más de veinte años a una pareja resentida y muy crítica, de repente estalló en un torbellino de enojo y llanto cuando una agobiada cajera del supermercado suspiró en respuesta a que ella le arrebató su tarjeta de crédito. La vergüenza y los remordimientos de Debbie por haber sobreactuado sólo hicieron que la escena resultara aún más incómoda para ella, la cajera y los demás compradores que estaban en la fila.

Debbie vino a verme por esto y otras reacciones desmedidas cada vez más frecuentes desde su divorcio. (No todas estas reacciones sucedían como en el supermercado, algunas las internalizaba como una gran tensión o depresión.) Su terapeuta anterior había trabajado con ella para explorar sus sentimientos respecto a la traición de su marido —enojo, resentimiento, vergüenza, pérdida, abandono, entre otras— con la creencia de que los sentimientos inexplorados y "reprimidos" ocasionaban sus reacciones desmedidas. Cuando éstas se volvieron más frecuentes, el terapeuta quiso que tomara medicamentos y Debbie se negó.

Mi manera de tratar la sanación emocional es distinta. Tranquilicé a Debbie diciéndole que sus sentimientos y reacciones eran naturales tras una herida autoinfligida a causa de la traición íntima. Sus reacciones tan emocionales eran parte de un sistema de defensa mayor construido para proteger de futuros daños un corazón lastimado. Mi estrategia terapéutica fue fortalecer la percepción de su valor personal y su empoderamiento, y, en consecuencia, hacer que su sistema de defensa fuera innecesario.

Las reacciones de defensa de Debbie, como las de prácticamente todos mis pacientes que sufrieron una traición, eran ya un hábito cuando la conocí. (Cualquier actividad mental repetida a menudo formará una secuencia relativamente inflexible de disparos neuronales en el cerebro, es decir, un hábito.) Una vez que se forman, sólo pueden ser remplazados por otros nuevos. Condicionar nuevos hábitos mentales, emocionales y conductuales es mi cimiento para tratar la sanación y el crecimiento.

Volveremos a Debbie más adelante en este capítulo. El punto que deseo subrayar aquí es que las reacciones muy emocionales no son un problema de psicología individual. No había nada malo en Debbie y no lo hay en ti si reaccionas desmedidamente ante molestias menores de la vida o por problemas mayores. Las reacciones desmedidas, internas o externas, resultan de una función cerebral normal conocida como "unión de patrones".

Casi nunca interactuamos directamente con nuestro entorno. El cerebro une pensamientos, recuerdos, emociones e impulsos conductuales con miles de "instantáneas" neuronales, y luego selecciona una que "empata" con esa percepción del entorno. Esto normalmente es una forma eficaz de funcionar, porque conserva una atención consciente metabólicamente costosa; es decir, invertimos la energía adicional que implica prestar atención sólo cuando algo se sale de nuestras "instantáneas" previamente condicionadas. Puedes entrar cien veces en una habitación y no observar una lámpara hasta que un día desaparece, y entonces el patrón de tu cabeza ya no corresponde con la apariencia de la habitación.

En circunstancias normales, el proceso en que el cerebro empata los patrones es muy preciso y nos comportamos de manera más o menos "apropiada" la mayor parte del tiempo. Sin embargo, la traición íntima presenta un problema especial para unir patrones. Cuanto más fuerte es el componente emocional de las instantáneas neuronales del cerebro, menos precisa será la unión de patrones. Esto es especialmente cierto en las emociones relacionadas con amenazas (enojo, miedo y molestia) que tienen prioridad en el cerebro. Ver una taza de crema en la mesa puede ocasionarle náuseas a alguien intoxicado con carne o verduras descompuestas, pues la sensibilidad incrementada hace que la crema, a pesar de no relacionarse con la comida que ocasionó la intoxicación, parezca una amenaza. Una sombra en la pared ocasiona que la víctima de una violación o un asalto tenga un ataque de incomodidad o terror, aunque habitualmente las sombras se muevan en las paredes. Que un coche frene, lo cual no suena para nada como un combate, puede detonar recuerdos terribles en los veteranos de guerra. Si una expareja te engañó en el pasado, un poco de color en la mejilla de tu actual pareja podría ocasionar enojo, celos y ansiedad. En resumen, después de una traición íntima tu cerebro percibe el mundo como un sitio más amenazante de lo que realmente es. Este cambio en la percepción se debe a una función cerebral normal, no a tu psicología personal.

Otra forma de entender las reacciones muy emocionales es pensar que tu cerebro evolucionó como un sistema que funciona con el lema "más vale pedir perdón que pedir permiso". No provenimos de seres humanos que *sub*estimaron la amenaza y de vez en cuando confundieron las sombras en las rocas —y a veces a los vecinos de las cuevas— con bestias amenazantes. Cuando la cajera del súper suspiró en cuanto Debbie le quitó la tarjeta, apareció, a través de los lentes de Debbie de "más vale pedir perdón que pedir permiso", la sombra de un tigre dientes de sable.

Cómo superar las reacciones emocionales

Tal vez suene extraño viniendo de un terapeuta especializado en regulación emocional, pero la mejor manera de superar las reacciones emocionales es actuar con tus valores más que con tus sentimientos. (Tus valores son las creencias y cualidades personales que te resultan más importantes.) Por ejemplo, quizá valores ser una madre que apoya y cuida a sus hijos, o ser un amigo honesto y leal. Después de la traición íntima, los sentimientos tienden a ser confusos, contradictorios y, por supuesto, muy reactivos. Además, tienen menos que ver con la persona que eres en realidad y más con las reacciones defensivas ante tu entorno. (Recuerda, tu entorno parece más peligroso después de la traición íntima, porque el proceso de unión de patrones del cerebro temporalmente se ha vuelto menos preciso en su elección de "mejor pedir perdón que pedir permiso".) Actuar con base en sentimientos hará que te comportes de maneras poco habituales o incluso que parecen ajenas a ti, algo que le sucedía a Debbie y a muchas personas más. En contraste, tus valores representan quién eres realmente y lo que te resulta más importante, sin contar lo que sucede a tu alrededor.

Actuar con base en tus valores cambiará tus sentimientos, si no de inmediato, por lo menos a corto plazo, a medida que te sientas más auténtico, con menos culpa, vergüenza, ansiedad y resentimiento. Sin embargo, esto sucede a la inversa. Si actúas según tus sentimientos, corres el riesgo de perderte en estados emocionales temporales que te harán violar tus valores más profundos y te ocasionarán más culpa, vergüenza, ansiedad, enojo y resentimiento. Por ejemplo, la persona que te traicionó casi con toda seguridad actuó con base en sus sentimientos y violó sus valores más profundos: actuar según los sentimientos por encima de los valores ocasionó la traición.

Algunas diferencias cruciales entre sentimientos y valores harán que la mejor elección motivacional resulte obvia.

Los sentimientos:

❤ Tienen más que ver con lo que estás experimentando que con la persona que eres.
❤ Son más reactivos al entorno.
❤ Están muy influidos por estados psicológicos (fatiga, hambre, sed, temperatura corporal o enfermedad).
❤ Tienen mucho que ver con los hábitos y se estimulan automáticamente mediante meras semejanzas con experiencias pasadas.
❤ Son transitorios, van y vienen en cuestión de minutos, siempre y cuando no los amplifiques, magnifiques y prolongues tratando de "validarlos" o "justificarlos".

En contraste, los valores:

❤ Tienen más que ver con lo que experimentas.
❤ Son menos reactivos al entorno.
❤ Están mucho menos influidos por estados psicológicos.
❤ Son consistentes a través del tiempo.

Después de sufrir una traición íntima, puede ser difícil pensar en términos de valores profundos, porque la traición hizo que de manera consistente subestimaras tu valor, fortalezas y resistencia personales. A todas luces, era el estado de Debbie al inicio de nuestra primera sesión. La clave para su recuperación fue comenzar a pensar y actuar conforme a la persona que realmente es, más allá del dolor y la susceptibilidad emocional que experimentaba.

Usa el siguiente ejercicio como guía para actuar según tus valores más profundos. Su objetivo es desarrollar comportamientos que refuercen esos valores más profundos y te den una sensación de autenticidad.

Importante: No uses el ejercicio para desarrollar una forma de relacionarte con la persona que te traicionó... bueno, al menos no todavía. Es mejor buscar relaciones con menos complicaciones para comenzar el proceso de sanación. La estrategia óptima para cualquier adquisición de habilidades es practicar en situaciones de poco estrés, hasta que la habilidad se convierta en un hábito. En ese momento incrementarás poco a poco el nivel de estrés de la situación en que lo pongas en práctica. Por eso no tienes tu primera clase de natación en el mar durante una tormenta, ni intentas manejar por primera vez en pleno tránsito de una avenida, ni el ejército pone nuevos reclutas en combate sin muchas semanas previas de entrenamiento.

En la columna "Yo soy" he incluido como ejemplos las respuestas que Debbie y la mayoría de mis pacientes proporcionan. Por favor, enlista las cualidades que corresponden a tus valores más profundos, como ser compasivo, protector, leal a tus seres queridos y así sucesivamente. Para cada cualidad escribe un comportamiento que refuerce ese valor. Por ejemplo, si eliges "Soy compasivo", un comportamiento afín sería: "Trataré de entender la perspectiva de mis seres queridos y encontrar en sus motivaciones algo con lo que me identifique, en especial cuando no esté de acuerdo con ellos o quiera cambiar su comportamiento."

Una nota crucial para todos los ejercicios

Los ejercicios de este libro no te pedirán que hagas meras "afirmaciones". Sanar y crecer exige compromisos con una nueva forma de verte a ti mismo y al mundo. No surgen milagrosamente de simples oraciones o cambios temporales en tus sentimientos. Hay una jerarquía de cambios neurológicos. Pensar reiteradamente en algo forja conexiones neuronales.

Pensar, imaginar y poner en práctica comportamientos produce cambios duraderos. Puedes comenzar pensando formas de promover la sanación y el crecimiento, pero lo que escribas en estos ejercicios debe convertirse en comportamientos específicos para lograr sanación y crecimiento plenos.

Ejercicio de ocmportamiento basado en valores

En una hoja en blanco traza una línea vertical para tener dos columnas. En la primera, enlista tus valores empezando con "Yo soy" (como el ejemplo antes mencionado: "Yo soy compasivo con mis seres queridos"). Luego, en la segunda columna, enlista ejemplos de cómo reforzarás esos valores ("Trataré de entender la perspectiva de mis seres queridos y encontrar en sus motivaciones algo con lo que me identifique, en especial cuando no esté de acuerdo con ellos o quiera cambiar su comportamiento"). Enlista todos los valores que quieras en la columna de la izquierda ("Soy justo", "Soy responsable", "Soy una persona que aprecia a sus seres queridos" etcétera) y para cada uno agrega una acción correspondiente en la columna de la derecha.

Lleva un registro de "comportamientos basados en valores" durante las siguientes dos semanas, y enlista en la segunda columna cuántas veces llevas a cabo las acciones correspondientes a los valores. Todos los días escribe: "Hoy actué conforme a mis valores más profundos al...", y a continuación enlista los comportamientos.

Para Debbie, el ejercicio de enlistar valores y el registro de comportamientos basados en ellos, fue el inicio de la sanación, al igual que para la mayoría de mis pacientes traicionados. Espero que también sea el inicio de tu sanación. Habrá mucha ayuda adicional a lo largo del libro para regular las reacciones emocionales. En este punto, lo único que debes saber es que quien reacciona desmedidamente y a la defensiva no es tu verdadero yo, así como la persona que no deja de limpiarse la nariz no es el verdadero tú cuando tienes gripa. A medida que empieces a sanar y a crecer, la actitud defensiva, las reacciones emocionales desmedidas, el resentimiento y el enojo se desvanecerán, y con ellos las huellas que la traición ha dejado en tu corazón y en tu alma.

Lo creas o no, hay un lado bueno en el dolor de la traición íntima, aunque está escondido en el a veces oscuro mensaje del dolor, como veremos en el siguiente capítulo.

Resumen

La traición íntima es un tipo único de dolor con raíces biológicas profundas que hacen parecer a la experiencia caótica, e incluso como una cuestión de vida o muerte para la mayoría de las personas. La recuperación es complicada debido a defensas naturales que de manera inadvertida nos mantienen concentrados en nuestras heridas y, por tanto, arraigan las huellas de la traición en nuestro corazón y en nuestra mente. Las reacciones emocionales desmedidas crean tormentas de emociones negativas que dificultan recuperar nuestro verdadero yo. Las reacciones emocionales y el daño que ocasionan se reducirán mucho a medida que permitamos que nos guíen nuestros valores más profundos en vez de nuestros sentimientos temporales.

2. Cómo usar la motivación natural del dolor para sanar

El dolor es un regalo. Una vida sin dolor, si fuera posible, sería aburrida y breve.

El regalo del dolor reside en su función biológica como alarma y sistema de motivación. Domina la atención por una razón: para motivar un comportamiento que sane, repare y mejore.

La función de alarma del dolor es clara: duele tanto que es difícil pensar en cualquier otra cosa. Su papel motivacional, aunque menos obvio, es igual de potente. La punzada en el pie hace que te quites de encima el refrigerador. Un dolor de espalda hace que te pongas de pie y reduzcas la presión en la columna. El dolor intestinal te hace mecer en la silla y ponerte de pie para liberar las burbujas de gas atrapadas en algún punto de tu tracto digestivo. Sólo hay un lugar en el cuerpo que no tiene las terminales nerviosas que originan el dolor: el cerebro, único lugar en que el comportamiento correctivo es imposible. Las heridas en el cerebro con frecuencia son tan fatales que la necesidad de que el dolor motive un comportamiento correctivo es nula. (Puedes quitarte la flecha del pie, pero no de la cabeza.) Salvo por una aguda sensación en el cráneo, las heridas en el cerebro no ocasionan dolor.

Lo opuesto del dolor no es el placer ni la alegría, como suelen sugerir las canciones populares, es el adormecimiento. Por ejemplo, supón que no pudieras quitarte el refrigerador de encima del pie y debieras esperar a que alguien llegara a ayudarte. El dolor se agudizaría, se haría cada vez peor. Y después se adormecería el pie. Una vez que tu cerebro descubre que no hay ningún comportamiento que pueda ser de utilidad, deja de procesar las señales de dolor del área afectada.

"Donde hay dolor, hay vida", es un dicho atribuido a las tribus inuit de Alaska. Literalmente significa que los miembros adormecidos por el frío duelen horrible a medida que recuperan la temperatura corporal normal. Si no duelen quiere decir que están congelados (muertos) y que te los tienen que amputar.

Los recuerdos de dolor, al igual que la experiencia del dolor en sí, son totalmente necesarios para la supervivencia y el bienestar. Recordar que una vez te quemaste el dedo en la estufa te hace ser más cuidadoso al sentir calor. Recordar que pisaste un clavo hace que hoy te fijes por dónde caminas. Recordar la traición íntima te vuelve más precavido sobre el amor en el futuro.

Un hecho crucial que a menudo ignoran algunos terapeutas y libros de autoayuda es el siguiente: Los recuerdos de dolor no tienen que ver con el pasado. Evolucionaron para mantenernos seguros en el presente y en el futuro. Apuntan a soluciones ahora, no en el pasado.

El dolor emocional

El dolor emocional tiene la misma función positiva que su contraparte física. Sentirse ignorado, culpable, devaluado o no amado eleva tu nivel de atención hacia ti mismo, compensa cualquier mal comportamiento, incrementa tu competencia y te hace más amoroso. Si haces esas cosas, o piensas hacerlas, el dolor se atenúa. Si no, se vuelve cada vez peor hasta el adormecimiento. No me refiero a incrementar tu comportamiento amoroso hacia la pareja que te traicionó, eso sería demasiado arriesgado en la primera parte de tu recuperación. Para aliviar el dolor de sentir que no eres amado, procura ser más amoroso con tus hijos, padres, amigos o cualquiera a quien puedas amar con un riesgo mínimo. Si quieres explotar la ventaja motivacional del dolor emocional, no puedes ver los recuerdos dolorosos como castigos que otros te infligen ni como autocastigos por errores pasados. No son castigos que debas evitar; son motivaciones para sanar, mejorar, reparar y crecer.

El mensaje motivacional del dolor emocional

El dolor emocional toma muchas formas. La mayoría implican algo de culpa, ansiedad, sufrimiento o vergüenza, sentimientos frecuentes después de la traición íntima. Cada uno implica un mensaje motivacional de sanación distinto.

La culpa proviene de violar tus valores. Aunque los recuerdos de culpa parecen relacionados con el pasado, su función motivacional es hacerte actuar conforme a tus valores *en este momento,* y eso es lo único que aliviará el dolor. (En el capítulo 8 se tratará este tema más a fondo.) La ansiedad es la amenaza de que algo malo pueda suceder. La motivación es aprender más sobre lo que realmente podría ocurrir y desarrollar planes para prevenirlo o enfrentarlo. Nada más la aliviará, aunque muchos comportamientos, la mayoría indeseables, o incluso autodestructivos, la evitan temporalmente.

(En el capítulo 11 se tratará este tema más a fondo.) La triste-za tiene que ver con perder algo o a alguien que considerabas valioso; el mensaje es valorar a alguien más. (Esta inversión se puede ver en los funerales, donde las personas comúnmente calman su pena al conectarse con otros dolientes.) A menos que hayas sufrido un trauma físico, en ese momento la pena te hace abrazar a alguien a quien quieres. La vergüenza tiene que ver con el fracaso y la ineptitud; la motivación es reeva-luar, reconceptualizar y redoblar esfuerzos para tener éxito en el amor, las relaciones, el trabajo o cualquier otra área en la que hayas percibido el fracaso. La experiencia de la vergüen-za, en sí misma, nunca significa que seas un fracaso, te dice que dejes de pensar en lo que has pensado o hecho y pruebes algo diferente que sea consistente con tus valores más profun-dos. Si seguimos la motivación de la vergüenza —en lugar de abordarla con resentimiento, enojo, alcohol, trabajando en exceso o cualquier otra cosa— nos llevará a sanar, mejorar y, al final, a tener presentes nuestros valores más profundos.

Cómo el dolor se convierte en sufrimiento

El elemento motivacional de las emociones dolorosas tiene componentes de autosanación y autocorrección. Cuando los aprovechamos, florecemos. De lo contrario, sufrimos. (Proba-blemente has oído el dicho "El dolor es inevitable, el sufri-miento es opcional".)

Si no actuamos conforme a esta motivación para sanar, re-parar y mejorar, la alarma del dolor se intensifica y generaliza. Del mismo modo en que un dolor de muelas no atendido se vuelve dolor facial y en que la lesión en el pie parece correr por todo el cuerpo, la culpa, la vergüenza y la ansiedad ignoradas se convierten en un "autodolor" generalizado, que estimula defensas elaboradas; éstas, por lo general incluyen reacciones emocionales, resentimiento crónico y enojo frecuente.

Con el tiempo, el dolor generalizado se convierte en sufrimiento, resultado de un fracaso repetido al actuar conforme a la motivación natural del dolor para hacer algo que sane, repare o mejore. Cualquier cosa que adormezca o evite el dolor mina su función de motivar el comportamiento correctivo y, por tanto, ocasiona sufrimiento. La culpa, el resentimiento (esperar que alguien más alivie el dolor), el enojo, las adicciones y el comportamiento compulsivo nos vuelven impotentes para sanar, mejorar y reparar. Todos estos sentimientos ocasionan sufrimiento.

Autocompasión versus autocrítica y piedad

La autocompasión es una respuesta empática a tu dolor, aflicción o vulnerabilidad, con una motivación para sanar, reparar y mejorar. Implica una sensación de empoderamiento, de que puedes hacer algo para mejorar tu vida, a pesar de que en ese momento no estés seguro de qué cosa. Tiende a enfocarte en soluciones en el presente y en el futuro.

La autocrítica consiste en culparte por tu dolor, aflicción o vulnerabilidad, y por lo general incluye castigo o desdén. Se basa en la idea equivocada de que si te castigas lo suficiente no cometerás errores similares en el futuro, cuando lo cierto es justo lo contrario, pues el autocastigo conduce a más errores. (¿Quién cometerá más errores, el yo que se valora o el yo devaluado?) La piedad hacia uno mismo consiste en enfocarte en tu dolor o daño sin motivación de sanar, reparar o mejorar. Tiene un elemento de menosprecio por tu incompetencia porque asumes que no puedes hacer nada para mejorar tu vida. Sobra decir que la autocrítica y la piedad hacia uno mismo convierten el dolor en sufrimiento.

Hablaré más sobre autocompasión.

Remplaza "por qué" con "cómo"

Para aprovechar las características de autosanación y autocorrección del dolor, evita pensar en sus posibles causas. Rumiar esos pensamientos tiende a exacerbarlos, por razones que no tienen nada que ver con el dolor. (Concentrarte mentalmente en algo amplifica y magnifica el objeto de la concentración.) Amplificar el dolor pone demasiada atención en el componente de alarma y muy poca en el motivacional. Es como reaccionar ante la alarma de incendios en vez de apagar el fuego.

Una razón más importante para concentrarte en sanar y mejorar en vez de en las causas es otro efecto del dolor emocional que ignoran los libros de autoayuda: Las causas del dolor relacionado con heridas no lo sustentan. La preocupación de por qué te cortaste no sanará la herida. De igual manera, si tu pareja te mintió, engañó o maltrató, lo que ocasionó tu dolor. Preocuparte por qué razones lo hizo implica el riesgo de vivir dentro de su cabeza a expensas de tu propia sanación y curación. El dolor te dice que debes recuperar tu valor en este momento, a través de tus propias acciones positivas, y es lo único que lo eliminará.

Cuando llegan pacientes atrapados en las espinosas consecuencias de la traición íntima, todos se preocupan por las razones que tuvieron sus parejas, o peor, por lo que ellos hicieron para que sus parejas los traicionaran. Eso me rompe el corazón. Concentrarte en las motivaciones de la persona que te traicionó no sólo te distrae de la sanación; especular sobre los motivos de tu pareja es totalmente inútil. Nunca sabremos por qué alguien traiciona un lazo íntimo.

Por ejemplo, supón que decides, como la mayoría de mis pacientes en algún punto, que tu pareja te mintió, engañó o maltrató porque estaba deprimida, ansiosa, desilusionada o estresada; o porque bebía demasiado, hacía muy poco ejercicio o experimentaba factores que contribuyeron a eso. El hecho es que la mayoría de las personas con esas experiencias no traicionan a sus seres queridos. En el mejor de los casos, especular sobre las razones de tu pareja puede arrojar posibles condiciones de la traición, pero nunca identificarás con precisión por qué te traicionó.

En lugar de especular sobre las razones de tu pareja, te será mucho más benéfico concentrar tu atención en el mensaje interno del dolor, que es sanar, reparar y mejorar. El siguiente ejercicio desarrollará el hábito de perseguir el mensaje más profundo de tu dolor.

Ejercicio: Busca el mensaje de sanación que hay en tu dolor

En una hoja *describe algún aspecto del dolor ante la traición de tu pareja.* Por ejemplo: "Mi ex dijo mentiras de mí a nuestros amigos mutuos; me siento lastimado, enojado y, en el fondo de esto, alguien no digno de ser amado."

En ese en un nivel más profundo, *responde la pregunta: ¿Qué te dice tu dolor que hagas ahora y en el futuro para sanar, reparar y mejorar?* Por ejemplo: "Me dice que mejore mis relaciones con nuestros amigos mutuos, que sea compasivo y no albergue sentimientos negativos hacia ellos por sus lealtades divididas. Mis acciones permitirán que la verdad salga a la luz. Mejorar los vínculos sanará la sensación de aislamiento ocasionada por la traición."

Espero que al realizar el ejercicio anterior respondas preguntas sobre cómo mejorar y reparar te da poder, mientras que concentrarte en lo mal que está la situación te resta poder. Esto último obliga al cerebro a buscar cada vez más evidencia que apoye la percepción de daño, para demostrar lo mal que está todo. Lo primero mantiene la concentración en lo que puedes hacer para mejorar las cosas. Quizá también hayas percibido que seguir el mensaje de tu dolor te lleva a tus valores más profundos.

Lee tus respuestas en voz alta en este momento. Deberías notar que tu voz se hace más fuerte y tu postura se endereza. Ése es el resultado habitual de elegir concentrarte en mejorar y reparar, incluso en el inicio del proceso de sanación.

El siguiente ejercicio subraya que el sufrimiento se prolonga por el significado que le damos a nuestro dolor. Si el dolor significa que somos inadecuados, impotentes y no dignos de ser amados, se convierte en sufrimiento. Si significa que somos resistentes, compasivos y empoderados, automáticamente empezamos el proceso de sanación.

Ejercicio: Busca el significado de tu dolor

En una hoja explica por qué te sientes lastimado. (Por ejemplo: "Mi esposo me engañó".) En el fondo de esto, responde la pregunta: ¿Qué me dice mi dolor acerca de mí? Primero responde con un significado negativo (Cómo puedes ser: "Soy ingenua, soy una tonta, confío demasiado, estoy sola y aislada, soy torpe, soy un fracaso como pareja, no soy digna de amor".) Luego responde con un significado positivo. (Por ejemplo: "Soy fuerte, ingeniosa, humana, sensible, compasiva, empoderada".)

Por último, escribe tu respuesta a esta pregunta: ¿Cómo puedo cambiar un significado negativo en uno positivo? (Por ejemplo: "Reconozco que tengo la fuerza, resistencia y auto-compasión para sanar esta herida con el tiempo. Voy a man-tenerme apegada a mis valores más profundos. Me siento más fuerte cuando lo hago. Me acercaré a mis amigos y seres queri-dos y apreciaré el mundo que me rodea. Reconoceré la fragilidad humana, tanto en mí como en las personas que me importan. Evaluaré mis opciones y elegiré acciones que conduzcan a un mejor futuro".)

El ejercicio anterior destaca que sufrir resulta del significado que le damos a nuestro dolor. No podemos controlar lo que otras personas hacen, pero tenemos control total sobre lo que su comportamiento significa para nosotros. La parte II del li-bro ofrecerá herramientas generales para construir el signifi-cado más benéfico de tu experiencia con el fin de que regules las emociones dolorosas. Regresa a este ejercicio al terminar el libro y te resultará mucho más fácil responder la última pregunta (¿Cómo puedo cambiar un significado negativo en uno positivo?).

Un esfuerzo por mejorar

Las emociones negativas duelen hasta que comenzamos el ca-mino de sanación y mejoría. Por ejemplo, un sentimiento de pérdida tenderá a empeorar hasta que pienses en qué puedes hacer para profundizar los vínculos con otras personas. Si te sientes vacío, como dicen sentirse muchos de mis pacientes, no tienes que "llenarte" para sentirte mejor, sólo haz que tus demás relaciones sean un poco mejores. La motivación inicial de la sensación de pérdida es moverte hacia algo que reducirá el estímulo de incomodidad, en otras palabras, algo que mejore las cosas. Una vez que pienses en qué podría mejorar las cosas, los malos sentimientos comienzan a disminuir, liberando más recursos mentales en el córtex prefrontal, parte del cerebro dedicada a resolver problemas, que se llena de sangre durante la excitación emocional. Si se aplican más recursos mentales, el éxito es más probable. Por supuesto, sería excelente si tus esfuerzos fueran exitosos (por ejemplo, si las demás partes aceptaran tus esfuerzos de estrechar vínculos). Pero la mayoría está fuera de nuestro control. A la larga, el bienestar es una función de esfuerzo individual más que de éxito cooperativo. (Salvo por un breve engrandecimiento narcisista, el éxito en el amor o en el trabajo sin esfuerzo es insatisfactorio.) La investigación muestra que lo que tendemos a lamentar más no es el fracaso sino hacer un esfuerzo insuficiente (Morrison y Roese, 2011).

El resto del libro te guiará a través de formas específicas de sanar, reparar y mejorar.

Resumen

El dolor es una señal, una parte crucial del sistema motivacional de los mamíferos que evolucionó para mantenernos a salvo y con bienestar. Nos dice que hagamos algo ahora para sanar, reparar y mejorar. Lo que ocasiona el dolor relacionado con heridas no es lo mismo que lo mantiene. Entonces, concentrarte en las causas del dolor tiende a empeorarlo y prolongarlo. Concéntrate en lo que puedes hacer para mejorar, aunque sea un poco, mientras el dolor disminuye; intentarlo repetidamente acabará con el dolor. Entender el mensaje de tu dolor y controlar el significado que le das son pasos necesarios para mantenerte a salvo y bien en el futuro.

3. Cómo desarrollar una identidad de sanación

Dos puntos sobre la sanación me han quedado claros después de trabajar miles de horas con personas que han sufrido dolor emocional común y dolor emocional inimaginable. Para el primero, los seres humanos tenemos una capacidad extraordinaria de sanar heridas. Para el segundo, la verdad es la siguiente: El elemento más importante para superarlo es desarrollar una *identidad de sanación*.

Con una identidad de sanación te identificarás con tus fortalezas, resistencia y deseo de mejorar tu vida. Tu decisión de desarrollarla te liberará de pensamientos de daño, injusticia y culpa, que te debilitan y se presentan de manera inevitable después de una traición íntima. Seguirás teniendo esos pensamientos por un tiempo y en ocasiones te sentirás abrumado por ellos. Pero la mayor parte del tiempo una identidad de sanación te ayudará a resistir el impulso de concentrarte en ellos, amplificándolos o magnificándolos; una identidad de sanación te hace buscar oportunidades de sanar, mejorar y crecer.

Por qué la identidad es importante

Una breve descripción de la forma y la función de esta identidad te mostrará por qué es tan importante para recuperarte de una traición íntima. La identidad tiene un componente interno (cómo tendemos a vernos a nosotros mismos) y un componente social (cómo queremos que otros nos vean). Se compone de lo siguiente:

♥ Cualidades personales percibidas o deseadas (como inteligencia, estupidez, compasión, resistencia, fortaleza, debilidad o rebeldía).

♥ Comportamientos característicos (como ayudar, enseñar, escuchar, animar o criticar).

♥ Roles sociales (como padre, escritor, buen amigo, persona moral, ganador, "tapete" o víctima).

La identidad ejerce una amplia influencia en nuestros pensamientos, sentimientos y comportamiento, debido a que organiza la experiencia y filtra la información que el cerebro procesa. Si lo dejamos en piloto automático, nuestro cerebro busca información que confirme la identidad y deja pasar la evidencia que no corresponde. La ventaja psicológica es la siguiente: si es consistente y más o menos precisa, la identidad reduce la duda y la indecisión respecto a uno mismo al presentar un repertorio claro de pensamientos y comportamiento.

Por ejemplo, si me identifico con ser maestro, sabré qué pensar y hacer en el salón de clases. Me concentraré en ayudar a mis estudiantes a entender material complicado, tomando en cuenta sus necesidades de aprendizaje. Sin embargo, si me identifico con una persona sabihonda, me preocupará demostrar lo que sé y quizá incluso consideraré la confusión de mis estudiantes como un indicador de que yo soy mucho más listo que ellos. Si estoy inseguro de mi identidad, es probable que mi manera de enseñar sea tímida, sin chispa, como de "libro de texto", y es probable que me sienta insatisfecho con mi trabajo y sea injusto con mis estudiantes.

No mereces sufrir identidad de víctima

Sin la decisión consciente de desarrollar una identidad de sanación, la traición íntima fácilmente puede llevar a una *identidad de víctima*, es decir, a identificarse con las heridas y el maltrato. El daño, las heridas, los defectos y la debilidad se vuelven aspectos integrales de la identidad que emergen después de esa traición.

La identidad de víctima tiene implicaciones terribles para la recuperación (más allá de que es difícil aprovechar tus recursos mentales para sanar cuando te concentras en el daño y la debilidad percibidos). Puede dar esta impresión totalmente equivocada: Si no tuvieras tu dolor o si no llevaras las cicatrices del maltrato, no sabrías quién eres. He tenido muchos pacientes que comienzan la terapia con una duda implícita. Si pronunciaran las palabras, sonarían más o menos así: "¿Quién soy si no una mujer maltratada?" (o un "marido cornudo", o un "tapete" o "una idiota que se casó con un ladrón").

En formas avanzadas de identidad de víctima, la motivación del dolor de sanar, mejorar y crecer se pierde por completo. Y el dolor se vuelve un monumento similar a las ruinas preservadas después de la guerra como recordatorio perpetuo del sufrimiento ocasionado. Por ejemplo, Sarah llegó a mi consultorio por primera vez con una confesión: Durante mucho tiempo, no quiso aliviar su ansiedad, depresión e insomnio porque eso "liberaría" a su marido, que la había engañado.

"Tiene que ver lo que me ha hecho", declaró. "Tiene que hacerse responsable de la mierda que es. Debe admitir que yo no merecía ser lastimada así. Debería sentirse terrible por lo que me ha hecho."

El marido de Sarah se aisló por completo después de que ella descubrió sus amoríos; ello, comprensiblemente, le dio la impresión de que no le importaba qué tan lastimada estuviera. La verdad, no podía soportar ver lo que le había hecho. Aislarse, aunque vergonzoso, es un intento de evitar la vergüenza (Gottman, *et al.*, 1994; Love y Stosny, 2008). Cuando no pudo evitar el dolor que le había ocasionado, cuando se dio cuenta de lo delgada, demacrada y exhausta que estaba su esposa, cayó en un abismo de vergüenza. Incapaz de encararla, se fue de la casa en mitad de la noche, dejando una nota: "Nunca me perdonaré el daño irreparable que te hice. Eres una persona demasiado buena para mí y te arruiné. Fallé de una manera imperdonable. No puedo seguirte afectando con mi presencia en tu vida. Mereces algo mucho mejor."

Aunque hubiera preferido escucharlo de su esposo en persona, Sarah obtuvo el reconocimiento que quería desde que descubrió sus amoríos. Él validó su dolor. Validó la manera en que ella se veía a sí misma: dañada. Se odiaba a sí mismo por haberle hecho eso. Dijo todo lo que ella quería escuchar. No obstante, conseguir lo que quería la hizo sentirse más deprimida que nunca.

"En realidad no lo extraño", me dijo. "Sabía que nuestro matrimonio había terminado mucho tiempo atrás. Pero pensé que, una vez que él reconociera el daño que me había hecho, me sentiría mejor. Ahora sólo me siento adormecida y sin esperanza."

El tratamiento exitoso de Sarah comenzó, como sucede con todos mis pacientes, estableciendo un compromiso con una identidad de sanación, que le ayudó a enfocarse en sus fortalezas y resistencia. Aunque la relación con su exmarido estaba dañada más allá de toda posible reparación, *ella* no estaba dañada como persona, madre, amiga o empleada. Sus cualidades, valores y espíritu personales, así como todos sus talentos y habilidades, estaban intactos y sólo requerían su atención para florecer.

Lo mismo es cierto para ti. Tú no estás dañado. Tus cualidades, valores, espíritu, talentos y habilidades están intactos y sólo requieren atención para florecer. El ejercicio siguiente te permitirá construir una sólida identidad de sanación.

Ejercicio: Crea una identidad de sanación

Paso uno: inventario

En una hoja, enlista tus fortalezas (por ejemplo: inteligencia, curiosidad, ingenio, creatividad, adaptabilidad, valor, sentido del humor, persistencia, curiosidad, apertura de mente, integridad, valentía, vitalidad, humildad).

Enlista tus valores más profundos (por ejemplo: honestidad, responsabilidad, aprecio por la naturaleza y belleza creativa, espiritualidad, compasión, sentido de comunidad, justicia, gratitud, capacidad de amor).

Enlista la evidencia de tu fuerza (por ejemplo, cómo te recuperaste de enfermedades pasadas, pérdidas, obstáculos, fracasos o penas).

Escribe qué dirías a tus amigos cercanos que enlistaron todas las fortalezas y valores que tú enlistaste, pero que, debido a su herida, fueron autocríticos y propensos a subestimar su propio valor.

Paso dos: compromiso

Explica cómo aprovecharás tus fortalezas y usarás tus valores más profundos para sanar. (Por ejemplo: Voy a investigar oportunidades de crecimiento en el trabajo y en mi vida social, me esforzaré por ver las perspectivas de mis amigos y seres queridos al mismo tiempo que las mías, me concentraré en los aspectos de la vida que amplíen mi perspectiva y me permitiré apreciar la belleza en la naturaleza y en tareas creativas.)

Paso tres: declaración

Escribe la siguiente declaración y fírmala: "Yo decido concentrar mi atención y mi comportamiento en lo que me ayudará a sanar, crecer, mejorar y crear valor en mi vida."

Paso cuatro: Oportunidades de crecimiento

Haz una lista de las oportunidades de crecimiento que se presentan a partir del dolor sufrido. (Por ejemplo: Tendré un conocimiento más profundo de mí mismo y de los demás. Apreciaré más a quienes luchan por crecer a partir de las ruinas de los obstáculos e infortunios de la vida. Resucitaré mis sueños tomando clases, buscando viejos amigos, iniciando un pequeño negocio y haciendo trabajo voluntario en mi comunidad.)

Paso cinco: Testamento espiritual

Escribe la siguiente declaración y fírmala: "Trascenderé todo lo sufrido y saldré de este periodo de recuperación siendo una mejor persona, concentrada en un sentido permanente de significado y propósito, conforme a las creencias espirituales que resuenan en mi alma."

Ahora lee en voz alta la declaración. (Tendemos a estar más comprometidos con las afirmaciones que escribimos y decimos en voz alta que con las que pensamos.) Deberías sentirte empoderado al leerla. Si no, encierra en un círculo la parte en la que tu sensación de empoderamiento disminuye. Regresa al ejercicio después de completar la parte II del libro, cuando tengas más herramientas de autoempoderamiento.

Mantente fiel a ti mismo

La traición íntima implica un impulso natural de contraatacar. Una parte de ti quiere herir a la persona que te traicionó, por lo menos tanto como tú fuiste herido. No me malentiendas; quizá tu pareja merezca ser lastimada, pero ése no es el punto. Más importante que lo que merezca es que tú no mereces sufrir las consecuencias negativas de la identidad de víctima.

Muchos pacientes admiten que sobre todo buscaron tratamiento porque no les gustaba la persona en que se habían convertido. El reflejo de contraataque tiende a extenderse más allá de la pareja que ha cometido una ofensa, ya que cava en lo más profundo de tu sistema de defensa. En otras palabras, la traición íntima crea el impulso de devaluar a cualquiera que invoque sentimientos negativos. Es probable que después de sufrir la traición hayas tenido impulsos frecuentes de ser más crítico, culpando y controlando a otras personas. No obstante, en tu interior sabes que actuar conforme a esos impulsos violaría tus valores más profundos. Actuar conforme a ellos te alienaría repetidamente de tu verdadero ser y te convertiría en alguien que no eres. Es irónico que actuar conforme a esos impulsos de contraatacar te haría ser menos como tú y más como la persona que te traicionó. Grabaría las huellas de la traición en tu corazón y en tu alma.

Las heridas emocionales severas de cualquier tipo, incluyendo la traición íntima, pueden funcionar como la mordida de un vampiro. Una vez mordido, tenemos el impulso de morder a los demás. Ejemplos de los casos más extremos de este fenómeno se ven en las personas que recurren a la violencia doméstica y en otros criminales violentos, que casi invariablemente sufren de identidad de víctima. En su mente, la herida que sufrieron en el pasado justifica sus crímenes y abusos en el presente (Kats, 1990; Rhodes 1999; Stosny, 1996).

Sólo existe un contraataque que garantiza escapar de las dificultades de la identidad de víctima. Como dice el dicho: "Vivir bien es la mejor venganza." Después de la traición íntima, "vivir bien" significa sanar, crecer y crear una vida llena de valor.

Si sientes que, desde la traición, te perdiste a ti mismo, es importante saber que es una situación temporal. Tu identidad de sanación hará que vuelvas a ser la persona que realmente eres y te ayudará a mantenerte fiel a ti mismo. Nunca reacciones conforme al comportamiento inadmisible de la persona que te traicionó ni te conviertas en el tipo que esa persona merece. Sé quien realmente eres, alguien comprometido con sanar, mejorar y crecer.

Eres diferente a la persona que te traicionó

Durante tu recuperación, es vital tener en mente tus diferencias con la persona que te traicionó y que tú te hubieras comportado de una manera distinta de estar en sus zapatos. Llevar un registro de comportamientos todos los días durante las siguientes semanas grabará las diferencias en tu mente. Mientras escribas, siente el poder en las diferencias.

Ejercicio: Registro de comportamientos

En una hoja o en un calendario, escribe los títulos: "Lo que hizo mi pareja" y "Lo que yo hago" cada día de las siguientes dos a cuatro semanas. Registrarás las diferencias entre el comportamiento de la persona que te traicionó y el tuyo. (El punto de la repetición es ayudarte a internalizar las diferencias entre tú y tu pareja, mientras fortaleces tus valores más profundos.) Toma cualquiera de los siguientes ejemplos que se apliquen a tu relación.

Lo que hizo mi pareja: Mi pareja me mintió.
Lo que yo hago: Hoy fui leal en todas mis relaciones.

Lo que hizo mi pareja: Mi pareja me puso el cuerno.
Lo que yo hago: Hoy fui leal y sensible con el bienestar de las personas que amo.

Lo que hizo mi pareja: Mi pareja me robó.
Lo que yo hago: Hoy fui honesto y justo en todas mis relaciones.

Lo que hizo mi pareja: Mi pareja me maltrató.
Lo que yo hago: Hoy fui compasivo con todas las personas que amo.

Lo que hizo mi pareja: Mi pareja fue egoísta todo el tiempo durante la relación.
Lo que yo hago: Hoy fui sensible con el bienestar de las personas que amo.

Lo que hizo mi pareja: Mi pareja manipuló a nuestros amigos.
Lo que yo hago: Hoy apoyé a mis amigos.

Lo que hizo mi pareja: Mi pareja trató mal a nuestras mascotas.
Lo que yo hago: Hoy fui amable con nuestras mascotas.

Lo que hizo mi pareja: Mi pareja se burló de mí porque estaba leyendo.
Lo que yo hago: Hoy disfruté leer.

Llevar este registro durante algunas semanas fortalecerá tu identidad de sanación al cambiar el enfoque de las cosas malas que hizo tu pareja a las buenas que tú haces.

Sanar versus contraatacar

El impulso de contraatacar —y en consecuencia actuar como la persona que te traicionó— no hará ningún daño si lo regulas y canalizas en un comportamiento benéfico. A continuación hay un ejercicio para evaluar tu progreso al mantener tu identidad de sanación. No te preocupes si no regulas todos tus impulsos en el momento en que se presentan; es poco probable que seas capaz de hacerlo en esta primera etapa de la recuperación. Sólo completa lo que pretendes hacer en el futuro.

Ejercicio: Cómo regular el impulso de contraatacar

Crea un registro semanal de tus impulsos y cómo regularlos. Cada semana, anota con qué frecuencia sentiste el impulso de criticar, actuar como si fueras superior, devaluar o menospreciar, infligir daño emocional o físico. Luego explica cómo te enfocaste en lo que te ayudaría a sanar, reparar y mejorar. Mira los siguientes ejemplos:

Esta semana sentí el impulso de criticar muchas veces.

Cómo regulé el impulso: Recordé lo que realmente me importa, es decir, que mi comportamiento sea consistente con mis valores más profundos.

Esta semana, por lo menos una vez, sentí el impulso de actuar como si fuera superior.

Cómo regulé el impulso: Me enfoqué en mejorar al comer sanamente, descansar y hacer ejercicio.

Esta semana, un par de veces, sentí el impulso de devaluar o menospreciar.

Cómo regulé el impulso: Recordé mis valores más profundos de igualdad y respeto.

Esta semana, más veces de las que puedo contar, sentí el impulso de infligir daño emocional o físico.

Cómo regulé el impulso: Me permití fantasear un poco con venganza, pero me recordé que lo más importante para mí es que mi comportamiento sea consistente con mis valores más profundos.

El ejercicio anterior tiene el objetivo de mostrar que permanecer fiel a tus valores más profundos proporciona más empoderamiento por un periodo más largo que ceder a los impulsos de contraatacar. Eso se debe a que probablemente no eres una persona vengativa, así que actuar conforme a los impulsos de contraatacar viola tu sentido del yo más profundo. La venganza, cuando viola tus valores más profundos, sólo es dulce por un periodo muy muy corto.

Identidad de sanación versus culpa

El sufrir una traición íntima te da todo el derecho de culpar de tus heridas a la persona que te traicionó; por supuesto, ella tiene la culpa de tu herida. Sin embargo, al recuperarse de la traición íntima, hay un problema con la culpa: te resta todo poder respecto a tu bienestar emocional.

Traté a una paciente inteligente y hermosa, a quien su marido, con quien estuvo casada cinco años, había engañado. Cuando conocí a Cindy, describió los esfuerzos de su marido por arreglar las cosas como "casi heroicos".

"Hace todo bien", dijo con una vergüenza evidente, como si fuera culpa de ella que sus heridas no hubieran sanado. Sus remordimientos y sus intentos por mostrar un comportamiento amoroso sólo hacían que Cindy se sintiera más avergonzada. "Es una locura, ¿verdad? Él tiene una aventura, ¡y yo me siento culpable! Y, luego, pienso que, si él no lo hubiera hecho, yo no estaría ahora aquí sentada, dañada."

Sin lugar a dudas, el marido de Cindy era el culpable de su dolor. Pero él no podía sanarlo, a pesar de sus visibles esfuerzos por reparar su relación y su fuerte deseo de ayudarla a recuperarse. La raíz del dolor de Cindy —lo que más dolía— era que su comportamiento hacía que ella se sintiera como si no fuera digna de amor. Por mucho que él hiciera, lo mejor hubiera sido hacerla sentir amada. Por desgracia, eso no sería suficiente, puesto que ella no se sentía digna de amor.

Sentirse digno de amor surge de nuestro propio comportamiento; para sentirte digno de amor, necesitas ser amoroso. Aunque es más fácil sentirse digno de amor —en otras palabras, comportarse en formas amorosas— cuando nos sentimos amados, serlo no es suficiente para sentirnos así. Cuando no nos sentimos dignos de amor, ser amados —aunque quizá halagador— nos dice que obtenemos algo no merecido. A la larga, nos hace sentir fuera de lugar, al punto de no poder atraer reservas emocionales para devolver el amor experimentado. La gente que no se siente digna de amor no puede recibir amor por mucho tiempo.

Cindy debía remplazar su falso sentido de estar dañada (y la culpa que esto engendraba) con una identidad de sanación que restaurara la verdad. Ella era digna de amor, sin duda alguna, pero no porque su esposo la amara. Era digna de amor porque ella amaba, se preocupaba y sentía compasión por las personas importantes de su vida. Desarrollar una identidad de sanación cambió su concentración a lo que ella podría hacer para sentirse amada, lo cual, naturalmente, llevó a sanación y crecimiento. (Regresaremos más adelante al final feliz de Cindy, que comenzó el día en que se comprometió con una identidad de sanación.)

Una identidad de sanación es responsable y poderosa

Puede parecer injusto que la parte herida en una traición íntima se haga responsable de su sanación personal. Eso se debe a que la sanación no tiene nada que ver con la justicia, sino con poder. Mientras la culpa nos deja sin poder, la responsabilidad nos empodera.

Por ejemplo, sin lugar a dudas, fue injusto que me asaltaran mientras caminaba por la calle una noche. Pero, si bien mi asaltante era del todo culpable del crimen, yo era del todo responsable de curar mis heridas. Yo podía dedicarme a culparlo por mis heridas físicas, como confieso que hice durante más o menos un día. Esas heridas sanarían solas, aunque de manera menos eficaz si yo hubiera cultivado mis sentimientos de impotencia y enojo. (El enojo suprime al sistema inmunológico, Williams y Williams, 1993.) No obstante, mis heridas psicológicas nunca habrían sanado si me hubiera concentrado en el terrible comportamiento de mi asaltante. Hasta que acepté sanarme a mí mismo pude enfocar mis recursos mentales en lo que podía hacer para sentirme completo y valioso otra vez. Así recuperé el poder sobre mi bienestar personal. Desarrollé una identidad de sanación que combinó mis recursos mentales, emocionales y espirituales para sanar, mejorar y crecer.

Ejercicio de identidad de sanación

Este ejercicio te ayudará a apreciar los efectos contrastantes de la culpa y de una identidad de sanación.

Tómate un momento para pensar en tu mal humor más reciente. Enlista tres cosas que lo hayan podido ocasionar (por ejemplo, pensar en la traición, problemas con miembros de la familia o amigos y fricciones en el trabajo).

Indica quién tiene la culpa de cada elemento enlistado. Si la culpa es terrible, escribe "mucha" junto al nombre. Ahora tómate tres minutos para escribir lo que puedes hacer para mejorar las cosas que detonaron tu mal humor. Toma el tiempo. Deja de escribir después de tres minutos, hayas pensado en algo o no.

Invoca tu identidad de sanación

Enlista tus fortalezas (por ejemplo, inteligencia, curiosidad, ingenio, creatividad, adaptabilidad, valor, sentido del humor, persistencia, curiosidad, apertura de mente, integridad, valentía, vitalidad, humildad, humor).

Enlista tus valores más profundos (por ejemplo: honestidad, responsabilidad, aprecio por la naturaleza y belleza creativa, espiritualidad, compasión, sentido de comunidad, justicia, gratitud, capacidad de amor).

Enlista la evidencia de tu fuerza (por ejemplo, cómo te recuperaste de enfermedades pasadas, pérdidas, obstáculos, fracasos o penas).

De nuevo, tómate tres minutos para pensar qué puedes hacer para mejorar las cosas que detonaron el mal humor que describiste antes. Tómate el tiempo. Detente después de tres minutos, hayas pensado en algo o no.

Al terminar el ejercicio, probablemente notarás que los pensamientos sobre cómo mejorar llegaron más fácil cuando abandonaste la culpa a favor de la identidad de sanación.

Llevar un registro diario reforzará tu identidad de sanación. Cada pensamiento de impotencia y cada impulso destructivo deben asociarse con una respuesta deseada. La repetición de la asociación condiciona o entrena al cerebro para tener más pensamientos, sentimientos y comportamientos constructivos cuando se presentan los indeseables.

Para crear un "Registro diario de identidad de sanación", todos los días registra tus pensamientos de culpa. (Por ejemplo: "Mi pareja me arruinó la vida, alteró la vida de nuestros hijos, ocasionó un daño innecesario y creó problemas financieros".) Luego agrega tus impulsos de contraatacar. (Por ejemplo: "Quise maldecir a mi ex, decir a mis hijos lo mala que es su madre, reportarla con Hacienda, poncharle las llantas, arrojar huevos a su casa y ocasionarle un daño serio".)

Ahora escribe tu "respuesta de identidad de sanación". (Por ejemplo: "Pensar y actuar de esta manera no me ayudará a sanar, mejorar y crecer. En cambio, me enfocaré en lo fuerte que soy. Y ayudaré a mis hijos a apreciar todo lo bueno que tienen en la vida y les ayudaré a darse cuenta de su enorme potencial para crecer y aprender. Rezaré por todos los que han perdido el camino, haré algo agradable por mí y por un amigo, haré ejercicio con regularidad, cuidaré mi salud y me concentraré en cómo hacer que mi vida sea lo mejor posible. Sanaré mis heridas y trabajaré al máximo de mis capacidades para superar las dificultades financieras, realizar una planeación detallada y todo lo que sea necesario".)

Escribe en el registro todos los días y durante las siguientes tres a seis semanas, o hasta que las respuestas de identidad de sanación te parezcan automáticas.

Espero que a estas alturas te sientas comprometido con una identidad de sanación, que aprovechará tus recursos mentales para sanar y crecer. El siguiente capítulo describe los mecanismos de la sanación emocional y ofrece herramientas para facilitar la maravillosa capacidad humana de sanar y crecer.

Resumen

Si no tomamos la decisión consciente de forjar una identidad de sanación —al enfocar nuestras fortalezas, resistencia y valores más profundos— la mayoría de nosotros desarrolla una identidad de víctima, enfocada en las heridas y el maltrato: es una percepción de estar dañado y debilitado. La decisión de identificarte con tu capacidad de sanar y crecer combina tus recursos intelectuales, emocionales y espirituales para sanar las heridas de la traición íntima y superar cicatrices que de otro modo seguirían creciendo.

4. Cómo usar imágenes restaurativas para sanar recuerdos dolorosos

La neurociencia ha revelado algo que resulta muy familiar para quienes pasan por una traición íntima: el dolor emocional es tan real para el cerebro como el dolor físico (McDonald y Leary, 2005). Ahora, la buena noticia es la siguiente: la sanación emocional es tan real para el cerebro como la sanación física.

La sanación fisiológica es la revitalización de tejidos, órganos o sistemas biológicos enfermos o heridos. Dicho de manera sencilla, las células del cuerpo se regeneran o reparan para reducir el tamaño del área afectada o dañada y restaurar el funcionamiento normal.

La sanación emocional es más complicada y menos mecánica, pero, por lo demás, sigue un camino similar de recuperación. Se puede lograr con la misma eficiencia y efectividad que la maravillosa sanación de nuestro cuerpo.

La sanación emocional sucede cuando el cerebro remplaza recuerdos dolorosos (imágenes) de heridas o daño con *imágenes restaurativas*, que motivan un comportamiento que promueve seguridad, crecimiento, bienestar y, en consecuencia, restaura la función normal de la mente. El proceso ocurre de manera natural para la mayoría de las personas, aunque toma mucho tiempo.

Recuperarse de la pena que produce la muerte de un ser querido es el paradigma de cómo la mente se sana a sí misma. Al inicio del duelo, los recuerdos de la persona que falleció amplifican la sensación de pérdida e inhiben la posibilidad de considerar emocionalmente a otras personas. Por un tiempo, el dolor es agudo. Sin embargo, con el tiempo, la mente se enfoca cada vez menos en lo que se perdió. Este cambio mental de ya no enfocarse en la pérdida permite que las experiencias positivas que uno tuvo con la persona que murió —imágenes restaurativas— dominen los recuerdos. Se vuelve agradable pensar en el ser querido que perdimos. En ese punto, la sanación emocional ha sucedido.

Yo estuve muy consciente respecto a la recuperación del duelo luego de más de una década de investigación y observaciones clínicas. Pero entenderlo a nivel intelectual no tenía importancia emocional más allá de la empatía hacia los demás... hasta que murió mi madre.

Su muerte, totalmente inesperada, puso mi mundo de cabeza. En las semanas y meses posteriores me dolía tanto pensar en ella que evitaba todos los recordatorios conscientes de ella. Guardé las fotos, almacené sus cosas, evité su música...

Debí saber que semejante estrategia estaba destinada a fracasar. La conciencia puede ser necia, pero está sujeta al cansancio, mientras el inconsciente (donde dominan los recuerdos ocultos) persiste incluso cuando dormimos. Unos meses después de su muerte, desperté en mitad de la noche, cogí un pedazo de papel y una pluma para escribir algo que parecía terriblemente importante estando medio dormido. Aunque mi pluma había perforado el papel al presionarla contra la suavidad de la cama, a la luz de la mañana pude leer lo que había garabateado: "Lo más importante en mi vida es la muerte de mi madre."

A pesar de que para ese momento ya contaba con una experiencia clínica considerable, no me había dado cuenta de lo mucho que me deprimí en esos meses. Pero mi humor sombrío comenzó a mejorar esa mañana, tras comprender que la oración escrita la noche anterior en ese pedazo de papel era completamente falsa. Lo más importante en mi vida no era la muerte de mi madre. Mucho más importante era su vida.

Cuando muere un ser querido, no perdemos nada de lo experimentado con él. Lo único perdido de mi madre era el futuro con ella, algo que en realidad nunca tuve. Comencé a concentrarme en recuerdos de las muchas experiencias positivas con ella, que nunca perdería.

Por fin resultó útil mi entrenamiento profesional en condicionamiento de la conducta (forjar asociaciones mentales, emocionales y conductuales por medio de la repetición). Recordé muchas imágenes de mi madre que representaban amor, sabiduría, apoyo y gozo. Asocié esas imágenes con cada uno de los recuerdos dolorosos que me llegaban. Repetí una y otra vez la asociación de imágenes dolorosas con otras restaurativas, condicionando a los recuerdos dolorosos a estimular la presencia de imágenes restaurativas de manera automática.

Después de unas semanas, pensar en mi madre se volvió algo placentero y gratificante. Ahora, cuando mi estado de ánimo decae por alguna razón, pienso en ella e, invariablemente, salgo de la tristeza.

Estoy seguro de que no inventé un proceso de sanación para superar el duelo por mi madre. Lo único que hice fue acelerar de manera inadvertida el proceso natural del cerebro para sanar el dolor emocional al condicionar los recuerdos dolorosos intencionalmente.

Recuperarse de la traición íntima es más complicado que un duelo común y corriente. No obstante, el mismo proceso de condicionar imágenes restaurativas para sanar recuerdos de dolor le ha funcionado a miles de pacientes que sufrieron una o más formas de traición íntima.

Imágenes restaurativas

Una imagen restaurativa es cualquier parte de tu imaginación inclinada hacia lo emocional que alivia el dolor al cambiar la concentración mental de la pérdida al crecimiento. Las imágenes más potentes por lo general se toman de la experiencia, es decir, de algo visto, escuchado, olido, tocado o soñado. Las imágenes pueden ser hermosas, significativas, emocionantes, asombrosas, tranquilizantes o serenas. También pueden ser inventadas. Una de las mías es imaginar que me muevo en llamas a toda velocidad a través de un espacio profundo junto con la luz de millones de estrellas. Las imágenes restaurativas nos recuerdan que la idea de quiénes somos surge de lo ganado en la vida, más que de lo perdido o sufrido, y se refuerza constantemente a través de nuestra capacidad de mejorar y crecer. Las más poderosas refuerzan nuestros valores más profundos.

La evidencia antropológica sugiere que ciertas categorías de valores existen desde que surgieron las especies humanas y son terreno fértil para las imágenes restaurativas. A continuación, las categorías::

- ♥ Humanidad básica (capacidad innata de interesarse por el bienestar de los demás).
- ♥ Amor.
- ♥ Conexión espiritual.

💜 Aprecio de la belleza natural y creativa.

💜 Conexión con la comunidad (identificarse o sentirse conectado con un grupo de personas).

💜 Comportamiento compasivo (crucial para mantener lazos sociales).

En gran medida, la *sanación emocional* recurre a imágenes que refuerzan esos valores profundos y condicionan tu cerebro para asociarlas con recuerdos dolorosos.

Vuelve a condicionar tu cerebro

El condicionamiento cerebral consiste en repetir tareas de asociaciones mentales hasta formar nuevos hábitos en las conexiones neuronales. En lo que respecta a las emociones, somos casi por completo criaturas de hábito. Para cuando llegamos a la adultez, la gran mayoría de nuestras emociones están condicionadas por experiencias pasadas. En otras palabras, cuando sucede cierto tipo de cosas, tenemos cierta respuesta emocional *habituada*. El cerebro desarrolla muchas respuestas condicionadas porque son metabólicamente "baratas", consumen poca energía en comparación con intenciones conscientes. (La diferencia en términos de esfuerzo mental entre una respuesta habituada y una acción consciente son cientos de millones de neuronas que hacen múltiples conexiones.) Recondicionamos nuestro cerebro todo el tiempo, por lo general como adaptación a nuestro entorno. Ahora es el momento de llevar a cabo el proceso de modo consciente al servicio de la sanación y el crecimiento.

Como las reacciones habituales se repiten miles de veces en el transcurso de los años, sólo hay una forma en que el cerebro puede formar nuevos hábitos y es mediante la repetición de nuevas asociaciones. Específicamente, debemos asociar imágenes restaurativas con recuerdos de dolor. Pero no te preocupes; no se necesitan tantas repeticiones para deshacer el hábito como las requeridas para formarlo en primer lugar. Las imágenes restaurativas tienen un refuerzo poderoso porque te hacen sentir mejor. En general, se necesita menos repetición para que un hábito agradable remplace a uno más poderoso.

Práctica, práctica, práctica

Para obtener lo mejor del ejercicio siguiente, haz una lista de tus recuerdos dolorosos más importantes. Practica asociar por lo menos una de tus imágenes restaurativas con cada recuerdo todos los días, hasta que las nuevas asociaciones sean automáticas. La formación de hábitos debería suceder en seis semanas de práctica. Luego, cada vez que se presente una imagen dolorosa en la memoria implícita o subconsciente, su contraparte restaurativa se presentará casi de manera simultánea. Los recuerdos dolorosos de manera indirecta estimularán a las imágenes restaurativas y motivarán un comportamiento que favorezca la sanación y el crecimiento.

Ejercicio de imágenes restaurativas

Describe tu herida emocional. Ejemplo: "Mi ex, en un ataque de enojo estando borracho, me pegó varias veces con un palo. Puedo sentir el dolor en lo más profundo de los huesos de mis brazos donde me pegó mientras intentaba cubrirme la cabeza. Todo me duele. Siento tanta vergüenza...."

Elige una imagen de humanidad básica que te parezca significativa. Ejemplo: Rescatar a un niño en peligro —de un choque, un incendio, de ahogarse o de alguna otra circunstancia trágica— es una de las imágenes de sanación más poderosas. Desplaza la obsesión del dolor y activa un sentido de humanidad. Sanar es sentirse más humano.

Asocia la imagen con tu recuerdo doloroso. Ejemplo: "Me aparto de los golpes que experimenté para ayudar a este niño desesperado, que está solo y atemorizado. Lo consuelo, mientras se aferra a mí, sintiendo mi protección. Mi dolor se desvanece mientras lo abrazo, sintiendo su cabeza en mi pecho y su corazón que late junto al mío. Supero el dolor."

Elige una imagen de amor que te parezca significativa. Algo que asocies con amor, como una pintura, un aroma o la caricia de un ser querido.

Asocia la imagen con tu recuerdo doloroso. Ejemplo: "Mi hija, de pequeña, se acurrucaba en su manta para dormir. Junto a esta imagen de amor, el recuerdo de los golpes desaparece."

Elige una imagen de espiritualidad que te parezca significativa. Algo que evoque una sensación de conexión con algo más allá de uno mismo, como Dios, la naturaleza, el cosmos, una causa social o moral o la humanidad.

Asocia la imagen con tu recuerdo doloroso. Ejemplo: "Parado sobre un bote en el mar, bajo el abrigo de las estrellas, me siento conectado con el universo. Esta imagen trasciende mi recuerdo doloroso."

Elige una imagen de belleza natural o creativa que te parezca significativa. Algo en la naturaleza que te conmueva o algo creativo en forma de arte, literatura, arquitectura, música, danza, mobiliario, joyería o cualquier cosa creada por otra persona.

Asocia la imagen con tu recuerdo doloroso. Ejemplo: "El sol que se pone sobre el Gran Cañón ayuda a sanar el recuerdo doloroso".

Elige una imagen de conexión comunitaria que te parezca significativa. Algo que invoque una sensación de conexión o identificación con un grupo de personas.

Asocia la imagen con tu recuerdo doloroso. Ejemplo: "Como miembro del comité de vigilancia de mi colonia, me conecto con un grupo diverso de personas dedicadas a que nuestra colonia sea segura, en especial para los niños. Me imagino protegiendo a todas las personas de mi colonia. Esta imagen rebasa el recuerdo de mi dolor."

Elige una imagen de un pequeño acto compasivo que te parezca significativa. Ejemplo: Ayudar a alguien que tiene problemas para cargar unos paquetes, hablar con alguien que está deprimido o visitar a un enfermo.

Asocia la imagen con tu recuerdo doloroso. Ejemplo: "Llevarles comida caliente a los ancianos aislados en una tormenta de nieve es más importante para mí que el recuerdo de mi dolor."

Por supuesto, las primeras veces que asocies tus imágenes restaurativas con recuerdos de dolor, notarás que los resultados, en el mejor de los casos, duran poco. Te sentirás mejor, pero sólo por poco tiempo. La conexión se debe repetir muchas veces para formar una respuesta condicionada.

Si notas apenas un poco de mejoría después de un par de semanas, repasa tu lista de recuerdos dolorosos hasta seis o siete veces al día. Hacerlo los *desensibilizará*. Una de las técnicas de terapia conductual más efectivas es la desensibilización, que reduce la intensidad emocional de un comportamiento o recuerdo al repetirlo en contextos seguros. La desensibilización puede requerir más repeticiones cuando los recuerdos dolorosos son virulentos, pero tu sanación emocional y tu bienestar valen el esfuerzo.

Mi paciente Madeline es un ejemplo excelente de la forma en que muchas personas utilizan la desensibilización para ayudar al proceso de recondicionamiento. Cuando vino a verme, Madeline llevaba varios años divorciada de un hombre desleal, verbalmente abusivo y autoritario en términos financieros. Aunque apenas tenía cuarenta y un años, no había deseado ni intentado tener una relación seria desde su divorcio. La verdad, no logró dejar emocionalmente su matrimonio. Los recuerdos dolorosos de las múltiples traiciones de su marido continuaban acechándola y, en gran medida, seguían controlando su vida. Cuando veía una mujer atractiva en la calle, en una tienda o en una fiesta, solía pensar en su marido coqueteando con otras mujeres (de manera lasciva, según su descripción), justo frente a ella. Madeline se ponía tensa e irritable al ver una cara bonita. Luego pensaba en las veces que su marido la había maltratado o le había mentido. (Una vez que un estado emocional se estimula, los recuerdos de experiencias en ese mismo estado son más accesibles. Así es como los recuerdos dolorosos parecen caer como cascada una vez que se inician.) El problema no era que Madeline siguiera aferrada a su matrimonio: no podía borrar las huellas de la traición íntima de su corazón y su alma.

Madeline comenzó un proceso de sanación a largo plazo a través de su compromiso con una identidad de sanación. Hizo una lista de todos los recuerdos de las múltiples traiciones que tuvieron lugar en su matrimonio. Con cada elemento de su lista, bastante larga, asoció estas imágenes restaurativas: consolar a un niño asustado, abrazar a sus hijos cuando eran bebés, una cruz cristiana que sobresale en un cielo despejado, un océano agitado que rompe en las olas cerca de un acantilado, su collar favorito (que le hizo una amiga cercana), la sensación de compañerismo que disfrutaba en sus reuniones del comité de acción política y ayudar a su vecina (cuya artritis era cada vez más severa) a limpiar las hierbas del jardín.

Su plan de recondicionamiento comenzó, como sucede en la mayoría de mis pacientes, con destinar de quince a veinte minutos todos los días para repasar la lista completa de recuerdos dolorosos, asociando cada elemento con sus imágenes restaurativas. Después de algunas semanas, el ejercicio le seguía resultando bastante difícil. (En la mayoría de los casos, se vuelve mucho más fácil después de unos días.) Aumentó sus sesiones de práctica a siete veces al día, repitiendo asociaciones por el tiempo que fuera necesario para sentirse tranquila, que más o menos eran de diez minutos. En seis semanas de práctica, desensibilizó sus recuerdos dolorosos, al tiempo que los condicionó para invocar de manera automática imágenes restaurativas.

Ahora estaba dispuesta y deseosa de generar más valor y sentido en su vida, sabiendo que es la mejor manera de sanar y crecer a partir de la traición íntima. Cómo generar más valor y sentido en tu vida es el tema del resto de este libro.

Resumen

En circunstancias normales, la sanación emocional sucede de manera natural, pero durante largo tiempo. Debido a las complicaciones especiales de la traición íntima, el proceso de sanación puede tomar una eternidad si lo dejas seguir su propio cauce. Sin embargo, el proceso se puede acelerar mucho al condicionar imágenes restaurativas de manera intencional al presentarse recuerdos dolorosos. Este proceso de recondicionamiento requiere de práctica frecuente hasta formar nuevos hábitos.

Sigue practicando tus habilidades de recondicionamiento mientras comienzas la parte II de esta obra, destinada a volver a entrenar un corazón que se recupera.

Parte II

Volver a entrenar el corazón que se recupera

La sanación y el crecimiento emocionales son procesos inherentemente generales, incluso cuando las heridas tienen causas muy específicas. Del mismo modo en que el daño de una herida de bala pone en riesgo la salud general de todo el cuerpo, no sólo del área herida, la traición íntima va más allá de problemas de confianza y amor, e infecta la forma en que damos significado a nuestra vida en general. En un sentido muy real, tu vida cambió después de la traición.

Así como el tratamiento de heridas físicas debe estimular todo el sistema inmunológico para restaurar la salud general del cuerpo, la sanación y el crecimiento emocionales deben aumentar el equivalente psicológico del sistema para restaurar la salud general de la mente, en particular su capacidad de crear una vida que valoras por completo, con un sentido palpable de significado y propósito. La clave para la sanación y el crecimiento es fortalecer lo que en mi opinión es el sistema inmunológico de la mente, el cual crea un sentido general de valor, significado y propósito en la vida. Yo lo denomino *valor esencial*.

5. La clave para sanar y crecer: Tu valor esencial

El valor esencial proviene de un impulso exclusivamente humano de generar valor, de hacer que personas, cosas e ideas sean importantes, se aprecien, consuelen y protejan. Actuar conforme al impulso de crear valor proporciona un sentido de significado y propósito en la vida. Este capítulo y el siguiente ayudarán a desarrollar tu valor esencial como un medio general de sanar y crecer. Aunque un valor esencial muy desarrollado no te hará olvidar la traición, sin lugar a dudas hará que todo lo que has sufrido sea menos importante en términos globales en tu vida. El pasado ya no puede controlarnos una vez que ha sido eclipsado por el impulso profundamente humano de generar valor y darle sentido a nuestra vida.

El impulso de generar valor

Aunque tenemos el impulso natural de generar valor, debemos tomar decisiones respecto a quién y qué valorar. Un atardecer tiene valor si, y sólo si, le das valor, es decir, si inviertes energía y esfuerzo en percibirlo por completo, permitiéndote apreciarlo. Aunque para el atardecer no cambia nada si lo valoras o no, valorarlo hace maravillas por ti. El momento en que valoras la creación te hace sentir más vital, comprometido, interesado, dispuesto a apreciar... en resumen, más vivo. La vida significa más para ti en el instante en que generas valor y significa menos cuando no generas valor. La emoción, pasión, significado, propósito y convicción más positivos provienen de generar valor, y gran parte del vacío, la agresión y la depresión resultan de no generarlo.

Prácticamente todos nuestros logros suceden a través de la generación de valor y prácticamente todos nuestros fracasos se deben a devaluar (la destrucción del valor). Piensa quién mantedrá un peso saludable: ¿La persona que valora su salud o alguien que devalúa su cuerpo? ¿Quién es más probable que tenga éxito con menos errores, el entrenador que valora las habilidades y la cohesión del equipo, o el que demerita a sus jugadores? ¿Quién hará un mejor trabajo y se sentirá más satisfecho, el empleado que valora su contribución y a sus colegas, o el que devalúa su trabajo, a sus compañeros o a sus jefes? Ahora, la pregunta realmente importante es: ¿Quién es más probable que salga adelante después de la traición íntima, la persona traicionada que valora su bienestar, sus demás relaciones, sus fortalezas y su persistencia, o la que devalúa su vida y a la mayor parte de las personas que hay en ella?

Por desgracia, hay un gran problema con el valor esencial: Generar valor consume mucha energía. Se requiere de más esfuerzo para apreciar una puesta de sol o la sonrisa de un niño que para ignorarlos. La mayoría de nosotros tratamos de conservar nuestras reservas de energía limitadas al contener los componentes necesarios de la creación de valor: interés y atención. Al final, nos deprimimos. La depresión se puede entender como una creación de valor extremadamente bajo.

Una forma común de evitar el estado de ánimo de depresión de la creación de valor baja es devaluar, es decir, disminuir el valor de alguien o algo al decidir que "no es lo suficientemente bueno", "no vale la pena" o "uno no vale la pena". Devaluar conlleva un aumento temporal de energía, porque invoca una forma sutil de enojo o disgusto dirigida a ti mismo o a los demás. Los comportamientos que devalúan (como la crítica, la agresión verbal y las acciones motivadas por la insatisfacción o el disgusto) durante poco tiempo se sienten más empoderantes que el estado de ánimo deprimido de una creación de valor baja.

Todo el mundo devalúa algunas veces, y somos especialmente propensos a hacerlo después de una traición íntima. Pero, a la larga, si devalúas más de lo que valoras, tu vida será muy mala, incluso si te suceden muchas cosas buenas. He visto evidencias de esto desde que mis frecuentes apariciones en los medios han atraído algunos pacientes ricos, famosos y poderosos, cuyas vidas están llenas de buena fortuna. Es sorprendente lo creativos que son para encontrar formas de ser miserables, simplemente porque eligen devaluar más que valorar.

En el otro lado de la moneda, si valoras más de lo que devalúas, tu vida será buena, aun cuando sucedan muchas cosas malas. Mi ejemplo principal es una mujer que perdió a sus dos hijos adolescentes. En un año, uno de sus hijos murió en un accidente y al otro lo mataron al defender a una jovencita, a la que no conocía, del acoso sexual de un agresor. De la nada, a esta mujer le habían arrebatado a sus únicos hijos. No obstante, ella convirtió sus muertes en inspiración para otros miembros de la comunidad a través de su defensa apasionada de varios grupos de jóvenes. Ella es la persona más carismática y genuina que he conocido, porque, a pesar de sus infortunios, valoró más de lo que devaluó.

Estados de valor esencial y cómo acceder a ellos

Como todos los impulsos psicológicos, los valores esenciales funcionan como un componente inconsciente del sistema motivacional humano. Sin embargo, para que sean de utilidad para la sanación y el crecimiento, pueden cultivarse como un estado mental consciente que enfoca tus pensamientos, emociones y comportamientos en incrementar el valor de tu experiencia y mantenerte fiel a lo que es más importante para ti. Cuanto más lo haces, más fuerte se vuelve tu valor esencial y menos probable es que te sientas devaluado, fuera de lugar o indigno de amor como resultado del comportamiento de tu pareja o de alguna otra persona.

Desarrollar el valor esencial como un estado mental te dará un lugar al cual ir, en cualquier momento, cuando te sientas estresado o deprimido, para revitalizar tu deseo de generar valor y sentido para tu vida. Funcionará como una defensa primaria de futuras heridas de cualquier tipo (no sólo la traición íntima) y ofrecerá el mayor potencial de sanación y crecimiento.

Hay muchos caminos para un estado consciente de valor esencial. Aquí tienes tres:

- ♥ Honrar lo más importante de ti como persona.
- ♥ Demostrarte que eres valioso al hacer algo que te haga sentir adecuado y digno de amor.
- ♥ Actuar conforme a cualquiera de las *motivaciones de valor esencial*.

Camino uno: Honrar lo más importante de ti como persona. Escribe tu respuesta a la siguiente pregunta (escribir implica una habilidad motriz que grabará lo que escribiste en tu memoria implícita, lo que incrementa las probabilidades de que lo asumas de manera automática en el futuro): "¿Qué es lo más importante de mí como persona?"

Imagino que escribiste algo como "soy honesto", "leal", "generoso" o "muy trabajador", porque todos mis pacientes responden así en un principio. Sin lugar a dudas, son cualidades significativas, pero no son lo más importante de ti. (Es una pregunta difícil de responder porque, en general, no pensamos en nuestras cualidades más esenciales.) A continuación, te presento una forma de probar lo que podrías considerar lo más importante de ti. Si no tienes hijos grandes, imagina que los tienes. Elige cómo te gustaría que tus hijos grandes (reales o imaginarios) pensaran de ti:

- ❤ Opción A: "[Papá o mamá] era honesto, leal, generoso y trabajador. No estoy seguro de si yo era muy importante para [él o ella], pero siempre fue honesto, leal, generoso y trabajador."
- ❤ Opción B: "[Papá o mamá] era humano y cometió algunos errores. Pero nunca hubo duda de que yo era importante para [él o ella] y de que quería lo mejor para mí."

Si el amor es tan importante para ti y la traición íntima ha sido devastadora, y no mera ofensa al ego, es probable que lo más importante para ti sea tu capacidad de mostrar cariño y compasión por las personas que quieres.

Si tienes una respuesta distinta a la pregunta "¿Qué es lo más importante de ti?", intenta llevarla un paso más adelante al preguntarte: "¿*Por qué* esto es importante para mí? ¿Esto es por lo que me sentiré más orgulloso cuando se acerque el final de mi vida? ¿Es lo que más lamentaré no haber hecho de modo suficiente?"

Lee en voz alta lo que escribiste como lo más importante de ti. Al hacerlo, te sentirás empoderado o incómodo. Lo último indica que necesitas ajustar tu comportamiento para que sea consistente con tu cualidad más importante, para evitar sentimientos escondidos de culpa, vergüenza, ansiedad, arrepentimiento, incomodidad o desconfianza. Son recompensas por mantenerte fiel a lo que consideras lo más importante de ti: una sensación de autenticidad y convicción, con pocas dudas acerca de ti mismo. Esas recompensas están disponibles en estados de valor esencial que puedes evocar más fácilmente al honrar lo más importante de ti como persona.

Camino dos: Demostrarte que vales la pena. A veces las emociones son complicadas, pero, en términos de motivación, no es gran ciencia. Te demuestras a ti mismo que eres respetable, valioso y digno de amor al respetar, valorar y amar. En realidad, no hay otra manera de hacerlo. (El respeto, la valoración y el amor de otras personas no te parecerá genuino si no respetas, valoras y amas.) Y, si te demuestras estas cosas a ti mismo, no necesitarás demostrárselas a nadie más. Las personas que respetan, valoran y aman reconocerán esas cualidades en ti. En cuanto a las que no, puedes sentir empatía por su necesidad de sanar y crecer.

Escribe la siguiente declaración y luego léela en voz alta con toda la convicción posible (una vez más, tendemos a comprometernos más con las afirmaciones que escribimos y decimos en voz alta que con las que sólo pensamos): "Sé que merezco respeto, valor y compasión porque soy respetuoso con todas las personas, valoro a mucha gente y amo a unos cuantos. Siento compasión por la aflicción y el dolor de mis seres queridos y, cuando es posible, hago mi mejor esfuerzo por ayudar."

Ahora, describe tu declaración en términos de comportamiento: "¿De qué manera mostrarás respeto, valor y compasión por tus seres queridos? (Por ejemplo, hablaré con ellos como quiero que hablen conmigo. Les haré saber que me importa su bienestar. Demostraré que quiero ayudar cuando sienten dolor o aflicción.)

Al hacer las cosas que escribiste, descubrirás que te llega una sensación de poder personal al hacer lo que sinceramente crees que es mejor. Entonces te vuelves menos dependiente de la respuesta de los demás, que quizá no sean capaces de invocar su propio valor esencial para validarte. En otras palabras, una respuesta poco favorable de los demás será desalentadora, pero no te hará sentir indigno de respeto, valor y amor. Necesitarás menos validación de los demás, porque los estados de valor esencial implican autovaloración.

Camino tres: Actuar conforme a una motivación de valor esencial. Una tercera vía para llegar al valor esencial es actuar conforme a cualquiera de los siguientes aspectos, que yo denomino *motivaciones de valor esencial*: mejorar, apreciar, proteger y conectar.

Si tu situación es de valor esencial, de manera automática intentas alcanzar alguna de las anteriores. Por fortuna, el valor esencial es una calle de doble sentido. Cuando te encuentras privado del impulso de generar valor —en otras palabras, cuando te sientes adormecido, deprimido, nervioso, resentido o agresivo—, los intentos deliberados por mejorar, apreciar, conectar o proteger abrirán acceso a un estado de valor esencial y te pondrán de nuevo en el camino de sanar y crecer.

Mejorar

La motivación de mejorar significa buscar que algo sea mejor. Para recuperarte de los severos efectos de la traición íntima, piensa en un proceso gradual: hacer que las cosas mejoren poco a poco. Las personas a veces dejan de mejorar porque no saben cómo "arreglar" la situación. En circunstancias emocionalmente cargadas, es casi imposible pasar directamente de sentirte mal a sentirte cien por ciento bien. Pero, una vez que te sientas 10 por ciento mejor, se vuelve más fácil lograr otro 20 por ciento. Así es fácil lograr 40 por ciento y así sucesivamente. Busca que una situación mala mejore un poco, si te resulta posible; de lo contrario, haz que tu *experiencia* mejore. Por ejemplo, un problema común después de la traición íntima son los sentimientos negativos de los familiares de la persona que cometió la traición. Piensa qué podría mejorar 10 por ciento la situación con tu exsuegra, por ejemplo. Tal vez mandarle una tarjeta o flores en señal de paz. Si aun así no mejora la situación, cambia tu manera de experimentarla. En lugar de la interpretación denigrante de rechazo o de que te culpa de la traición, considérala una mujer herida que intenta lidiar sin éxito con su propio dolor. Eso no disculpa su comportamiento, pero mejora tu manera de experimentarlo. De nuevo, no tenemos control sobre otras personas, pero sí control absoluto sobre el significado de nuestra experiencia. Cuando no elegimos mejorar el significado de nuestra experiencia, es probable repetir los mismos errores y experimentar el mismo dolor una y otra vez.

Llevar un registro te ayudará a mejorar situaciones (o la forma en que las experimentas) en el futuro. Titula esta lista "Mis intentos por mejorar situaciones malas" y úsala para las cosas que has hecho o harás para mejorar en 10 por ciento una mala situación o tu manera de experimentarla. (Ejemplos: "He tratado de comunicarme de manera respetuosa, incluso cuando la otra persona me falta al respeto", "Disfruto música y libros grabados mientras manejo", "Intentaré resolver los problemas en lugar de culpar a los demás".)

Empieza enfocándote en cosas relativamente fáciles de mejorar. Como señalé en el capítulo 1, las herramientas se adquieren mejor cuando se practican en situaciones sin estrés. Al principio, practica mejorar situaciones —o tu percepción de ellas— que no estén directamente relacionadas con la traición.

Llevar el "registro de mejora" te ayudará a cambiar las conexiones de tu cerebro para pensar en mejoras cuando algo malo suceda, en vez de quedarte clavado en lo mal que están las cosas, lo cual tiende a empeorarlas.

Ejercicio de mejora

Después de practicar tus habilidades para mejorar en asuntos menos intensos, intenta hacer el siguiente ejercicio. Para empezar, describe la herida brevemente; es importante asociar el deseo de mejorar con una experiencia de baja intensidad. Con el tiempo, harás la asociación de manera automática, es decir, comenzarás a buscar formas de mejorar la situación o tu experiencia de la situación cuando te sientes mal.

Describe algo que te haga sentir deprimido o resentido. Ejemplo: "Me siento de esas dos maneras cuando pienso en cómo le creí a mi pareja cuando me decía que trabajaba horas extras cuando en realidad estaba con su amante."

Ahora describe lo que puedes hacer para que tu experiencia del suceso o circunstancia mejore 10 por ciento. Ejemplo: "Una naturaleza confiada es una parte importante de quién soy como persona. Tendré más cuidado en el futuro respecto a en quién y cuánto confiar, pero no le daré a nadie el poder de cambiar mi naturaleza."

Ahora describe lo que puedes hacer para que tu experiencia del suceso o circunstancia mejore 10 por ciento más. Ejemplo: "Aunque mi pareja demostró no ser confiable, me he beneficiado de confiar en otras personas: mis hijos, mis padres, amigos, colegas, conocidos y hasta desconocidos en la calle."

Ahora describe lo que puedes hacer para que tu experiencia mejore otro 10 por ciento. Ejemplo: "Mi confianza en mi mejor amiga se vio recompensada por su apoyo durante mi proceso de recuperación. Le enviaré una nota para decirle lo mucho que aprecio su apoyo."

Espero que, al llevar a cabo este ejercicio notes que con cada paso te sientes más empoderado, a través de un ligero cambio de foco del dolor (y sus causas) a la mejoría. Enfocarte en una mejora del tipo que sea, sin importar si está directamente relacionada con la causa inicial de tu dolor, reducirá la intensidad de la herida y, al final, hará que desaparezca.

Apreciar

Por lo general pensamos en el aprecio en términos de cumplidos como "Eres maravilloso" (o "especial", "inteligente", "atractivo"...). No obstante, expresiones como ésas con frecuencia se sienten vacías, lo que se debe a que el aprecio básicamente se siente, no así una circunstancia verbal. Lo que falta en la mayoría de los cumplidos es el componente esencial del aprecio: abrir tu corazón y permitirte mejorar a través de ciertas cualidades de otras personas o cosas. Por ejemplo: "Cuando aprecio tu buen trabajo o tus gestos considerados, me elevo; me convierto en una mejor persona porque te aprecio." (Ésta es la razón por la cual apreciar y ser apreciado es algo tan atractivo en las relaciones: las dos partes se vuelven mejores.) Aún más importante, el aprecio que mostramos tiene un efecto secundario: me ayuda a apreciar la belleza del atardecer, el drama en una pintura o la emoción ante la película o la obra de teatro.

En general, lograrás más crecimiento al apreciar una relación difícil que una buena. Por ejemplo, la mamá de Silvie la criticaba por todo: desde su manera de ser con sus hijos hasta su ropa y su peinado. Parecía que cada encuentro con su madre, por teléfono o en persona, dejaba a Silvie comprensiblemente enojada; en principio con su madre, luego consigo misma por necesitar el apoyo de su madre en crisis financieras derivadas del colapso de su matrimonio. Su enojo terminaba por dar lugar a la culpa por devaluar a su madre, seguida de sentimientos de impotencia y depresión. Trabajé con Silvie en plantear de manera compasiva cómo quería que su madre la tratara. (Hablaré sobre la asertividad compasiva en el capítulo 9.) Trabajamos en desarrollar el aprecio hacia ciertas cosas de su madre; por ejemplo, realmente se preocupaba por Silvie, quería lo mejor para ella y sacrificaba tiempo y dinero para ayudarla.

Al final, la mamá de Silvie se sintió muy conmovida al saber que su única hija realmente la apreciaba, y ser consciente de ello le permitió escuchar y responder de manera positiva a la descripción de Silvie de cómo quería que la trataran. Sin embargo, aunque la asertividad compasiva no hubiera tenido éxito y su madre se hubiera puesto a la defensiva o hubiera seguido criticando, Silvie habría cosechado los beneficios del aprecio, porque desintoxicó la mayoría de sus pensamientos respecto a su madre. El punto más importante no es si las personas merecen tus pensamientos negativos; obviamente muchas personas los merecen. El punto más importante es que son *tus* pensamientos y están en *tu* cabeza y quieres que sean benéficos para ti.

Es imposible apreciar y sentirte devaluado al mismo tiempo. Mientras aprecias, no te sentirás devaluado, como debería mostrar el siguiente ejercicio.

Ejercicio de aprecio

La meta de este ejercicio es abrir tu corazón al aprecio cuando te sientas herido. Primero, describe la herida brevemente; es importante asociar el deseo de mejorar con una experiencia de baja intensidad del dolor. Con el tiempo, harás la asociación de manera automática, es decir, comenzarás a buscar formas de mejorar la situación o tu experiencia de la situación cuando te sientes mal.

Describe algo que te haga sentir tristeza o resentimiento. Ejemplos: "Las festividades son especialmente difíciles, pues pienso en cómo era mi vida antes de la traición; me da vergüenza que mis problemas matrimoniales hayan afectado mi trabajo, no puedo concentrarme ni trabajar de un modo tan eficiente como antes."

Ahora escribe tres cosas que aprecies de la habitación en que te encuentras en este momento. Oblígate, en caso de ser necesario, a concentrarte en el entorno. Ejemplo: "Tengo una vista hermosa del lago desde esta habitación; la chimenea da una sensación de calor, aunque no hay fuego en este momento; el techo tiene una ligera inclinación que le da a la habitación un aspecto de tranquilidad."

Escribe tres cosas que aprecies de tu trabajo o del trabajo que haces en casa. Ejemplo: "Mi trabajo me da la oportunidad de sentirme productivo; hago una contribución importante; y aprendo mucho de las personas con las que trabajo."

Escribe tres cosas que aprecies de esta época del año. "Ejemplo: "Amo el aire fresco en las mañanas, la tranquilidad de las noches y la emoción de los niños pequeños a medida que se acercan las fiestas."

Enlista tres cosas que aprecies de tu mejor amigo o amiga. Ejemplo: "Mi mejor amiga tiene un corazón muy generoso, es sensible a los infortunios de los demás y mejora el mundo a través de sus atenciones."

Enlista tres cosas que aprecies de tus padres o de otras personas mayores. Ejemplo: "Mi padre era muy inteligente y tenía un maravilloso sentido del humor; mi tía siempre era amable conmigo; mi jefe ha sido muy comprensivo mientras resuelvo los problemas de mi relación."

Enlista tres cosas que aprecies de tus hijos o de otras personas, animales o incluso plantas que tú cuidas. Ejemplo: "Mi hija es la persona más inteligente que conozco; mi perro es muy cariñoso; mi jardín me da paz."

Enlista tres cosas que aprecies de cualquier otra cosa.

Ahora lee en voz alta lo que escribiste.

Espero observes que, aunque no esté relacionado con lo que te ocasionó la herida emocional, el aprecio evoca tu valor esencial e incrementa, por lo menos un poco, tu sensación de significado y propósito. Si buscas algo que puedas apreciar cuando te sientes deprimido, mantendrás tu corazón en el camino de la sanación y el crecimiento.

Recuerda que cuanto más difícil es apreciar a alguien, mayor es la recompensa. Pero si te atoras, comienza practicando con personas fáciles de apreciar: la madre Teresa, Gandhi o Martin Luther King, entre otros.

Protege

El amor activa un poderoso instinto de protección. De hecho, el valor que uno percibe respecto de uno mismo se eleva y recae en la capacidad de proteger a nuestros seres queridos. (En general, nos sentimos más valiosos cuando los protegemos y menos valiosos si no lo hacemos.) Suprimir el instinto de proteger también suprime la capacidad de amar. Además, es casi imposible sanar cualquier dolor relacionado con el amor traicionado sin seguir el instinto de proteger a otros seres queridos.

Si no puedes proteger a tus seres queridos mediante un comportamiento abierto (debido a relaciones inaccesibles o dañadas), hazlo en tu imaginación, sabiendo que, en algún punto, debes hacer el esfuerzo de poner en práctica el comportamiento protector para superar los efectos negativos de la traición íntima.

Ejercicio de protección

Haz este ejercicio cada vez que necesites recurrir a tu valor esencial. La sensación de empoderamiento más duradera proviene de ejercer tu instinto natural de proteger. Primero, describe la herida brevemente; es importante asociar el deseo de mejorar con una experiencia no muy dolorosa.

> *Enlista tres formas de proteger a las personas que quieres.* Ejemplo: "Hago todo lo posible por garantizar su salud física y psicológica; les hago saber que siempre estaré ahí para apoyarlas; no las confronto con sus errores."

Al llenar lo anterior, probablemente notaste que proteger a tus seres queridos (o imaginar que lo haces) te empodera mucho más que devaluarte y devaluar a los demás. Mientras seas protector, es poco probable que te sientas devaluado, fuera de lugar o indigno de amor.

Conecta

La conexión es la sensación de que una parte de tu mundo emocional también es parte del de alguien más. Es trascendente en el sentido de que nos hace salir de nuestras preocupaciones egoístas e insignificantes para considerar el bienestar de nuestras parejas o comunidades. En un nivel biológico, la conexión eleva los niveles sanguíneos de la oxitocina, la hormona de los vínculos que nos hace sentir calmados, seguros y a salvo.

La conexión es un estado mental y una elección. Tú eliges sentirte conectado con ciertas personas o comunidades, y eliges desconectarte de ellas. Para acceder a tu valor esencial, la elección de sentirte conectado incluso puede ser independiente de una relación; en otras palabras, te puedes sentir conectado unilateralmente. (En un capítulo posterior exploraré las "actitudes de conexión" como una forma de enriquecer de manera conjunta las relaciones. Aquí el punto es acceder al valor esencial, no necesariamente mejorar las relaciones.) Para avanzar en la curación y sanación, puedes elegir cualquier nivel de conexión: *íntima* (amantes o amigos muy cercanos), familiar, comunitaria o espiritual. Cualquier nivel de conexión disipará la sensación de aislamiento que prolonga el sufrimiento después de la traición íntima. Intenta escribir sobre algo que te ayudará a conectarte con cada uno de los niveles anteriores y ten en mente que la conexión es un estado mental y una elección.

El valor esencial como estrategia de respuesta incompatible

Una de las intervenciones conductuales más potentes se conoce como *estrategia de respuesta incompatible* (Baron, 1984). Está basada en el principio de que todos los organismos (incluidos los seres humanos) son incapaces de enfrascarse en dos respuestas incompatibles al mismo tiempo. Es uno de los primeros principios conductuales: Donde va la atención, sigue el comportamiento. La estrategia es enfocar la atención en algo incompatible con lo que no quieres hacer. Por ejemplo, no tendrás éxito por mucho tiempo si intentas no gritar en casa o en el trabajo. La frustración de suprimir el impulso de gritar mientras te concentras en *no* gritar probablemente te hará gritar aún más. Eso se debe a que tu cerebro no puede hacer negaciones; debe hacer algo *en vez* de lo que no quieres hacer. Si practicas hablar a los demás con respeto, atendiendo a sus sensibilidades individuales, no les gritarás tanto y es mucho más probable que cooperen contigo. La mayoría de los ejercicios de este libro se basan en el valor esencial como estrategia de respuesta incompatible para lograr lo que quieres; es decir, incrementar el valor de tu experiencia, en lugar de lo que no quieres, a saber, devaluarte o devaluar a los demás.

Por supuesto, llevar a cabo una sola vez la estrategia de respuesta incompatible hará una gran diferencia en cómo te ves y cómo ves a los demás. Pero, practicar la estrategia producirá un enorme cambio positivo, ya que literalmente cambia las conexiones de tu cerebro para pensar en términos de sanar, mejorar, apreciar, conectar y proteger, actitudes que generan más valor y sentido en tu vida.

Ejercicio

Asegúrate de llevar a cabo con convicción los comportamientos que describes a continuación: "Estoy haciendo lo correcto al actuar conforme a mis valores más profundos." (Si realizas todos los ejercicios del resto del libro con esta actitud y luego pones en práctica los comportamientos que describes, sanarás, mejorarás y crecerás.)

Describe algo de la traición que evoque un estado de adormecimiento, nerviosismo, resentimiento, depresión o agresión. Ejemplo: "Puedo sentir todas esas sensaciones cuando recuerdo los correos electrónicos que mi esposa intercambiaba con su amante, en los que describían gráficamente cómo hacían el amor."

Describe lo que puedes hacer:

1. Mejorar la situación o la manera en que la experimentas. Ejemplo: "Escribo muchos, muchos correos electrónicos, muchos más de los que puedo enviar, a las personas que quiero para expresar mi cariño y compasión hacia ellas. Con el tiempo, mis pensamientos respecto a los correos electrónicos comenzarán a simbolizar expresiones de amor y compasión."

2. Apreciar. Ejemplo: "Iré a mi galería de arte o a mi lago favorito. Me gusto más cuando aprecio algo que cuando devalúo a mi esposa o a cualquier otra persona."

3. Proteger: "Ejemplo: Llevaré a mi mascota al veterinario para que revise su tos. Me gusto más cuando me siento protector que cuando me siento destructivo. Proteger a quienes valoro es más importante para mí que devaluar."

4. Conectar: Ejemplo: "Llevaré a cenar a algún miembro de mi familia o amigo. Fortalecer conexiones con nuestros seres queridos con el tiempo hará que la desconexión con mi esposa sea menos importante."

El ejercicio anterior, una vez más, demuestra un punto crucial sobre la sanación y el crecimiento personal. Aunque no podemos cambiar lo que nos sucedió en el pasado, tenemos el control absoluto sobre el *significado* de nuestra vida en el presente y en el futuro.

Piensa en las cosas que tienen una profunda influencia en nuestra vida y en el poco control que tenemos sobre ellas. No elegimos a nuestros padres; no nos sentamos con Dios y le dijimos "¡Tomaré a esos dos de ahí!". No elegimos qué enfermedades padecerían nuestras madres durante el embarazo o si iban a fumar o a tomar aspirinas. No decidimos cuánto dinero tendría nuestra familia, qué enfermedades o accidentes íbamos a experimentar durante la infancia, a qué escuelas iríamos, qué tipo de maestros y compañeros encontraríamos ahí, ni si otros niños nos tratarían bien o nos agredirían.

Sencillamente no tenemos control sobre las influencias más importantes de nuestras vidas; no obstante, tenemos control absoluto sobre lo que significan para nosotros. Si definimos el significado de nuestra vida a partir de las cosas malas creamos estados crónicos de impotencia y resentimiento, con depresión intermitente. Si definimos el significado de nuestra vida al incrementar de manera sistemática el valor de nuestra experiencia, creamos una vida con significado, propósito y poder personal.

El siguiente capítulo muestra cómo actuar conforme a tu valor esencial en circunstancias de estrés o cuando te sientes ansioso o deprimido.

Resumen

Tu valor esencial —tu habilidad de crear valor y significado en tu vida— es la clave para la sanación y el crecimiento. Puedes acceder a estados de valor esencial en varias formas, como actuar conforme a lo que es más importante en ti como persona o al mejorar, apreciar, proteger o conectar. Cuanto más recurras a tu valor esencial, más fuerte se vuelve. Cuanto más fuerte se vuelve, más sanación y crecimiento llevas a cabo.

6. Cómo recurrir a tu valor esencial bajo presión: Tu banco de valor esencial

Este capítulo te mostrará cómo conformar tu "banco de valor esencial" (BVE) —un repositorio de las cosas más importantes para ti y de ti— y cómo usarlo para sanar y crecer. La idea es internalizar imágenes concretas de tu valor esencial que funcionen como un lugar interior al que puedas acceder en cualquier momento, bajo cualquier tipo de estrés, ansiedad o depresión para revitalizar tu deseo de generar valor y sentido en tu vida.

Después de unas semanas de hacer depósitos diarios a tu BVE, el mundo a tu alrededor comenzará a recordarte tu valor esencial. Por ejemplo, cuando veas un atardecer, no sólo te parecerá hermoso en sí mismo, te ayudará a acceder a tu valor esencial, pues el atardecer tiene valor para ti sólo porque tú lo creaste. El atardecer reforzará tus motivaciones más profundas de mejorar, apreciar, proteger o conectar e impulsará mucho tus metas de sanación y crecimiento.

Las siguientes son instrucciones para crear una tabla de BVE en una hoja y llenar las "casillas de depósito seguro". Una vez completa, te mostraré su uso como herramienta invaluable para sanar y crecer.

Crear tu BVE

Quizá a partir del capítulo anterior comprendiste que generar valor es más relevante psicológicamente que los valores específicos que creas. En términos de curación y crecimiento emocional, los factores más significativos no son valores *per se*, sino en función de honrarlos o violarlos. Honrarlos trae consigo una sensación de convicción y autenticidad. Violarlos produce culpa, vergüenza y ansiedad.

Como todos los impulsos psicológicos, el valor esencial es un producto del procesamiento jerárquico de nuestro cerebro que, necesariamente, hace algunas cosas más importantes que otras. Aunque todos los valores, por definición, son importantes, los estados de valor esencial tienen que ver con lo que es *más* importante. Permanecer concentrado en tus valores más profundos fortalecerá tu valor esencial y acelerará la sanación y el crecimiento.

Aunque muchos valores son culturales e individuales, es probable que los más profundos se encuentren en las categorías significativas para la evolución de nuestra especie, como se mencionó en un capítulo previo. Esos tipos de valores han sido importantes para los seres humanos por decenas de miles de años: humanidad básica, apego (amor), espiritualidad, creatividad, comportamiento compasivo y algún grado de conexión con la naturaleza y las comunidades de personas. Pueden servir como casillas donde puedes depositar tu BVE.

Casillas de depósito

El BVE tiene ocho secciones. Puedes pensar en cada una como casilla de depósito que contiene afirmaciones, imágenes o iconos de diversas maneras de generar valor.

Divide un papel en ocho casillas. Escribe cada encabezado en la casilla correspondiente y llénalas según las siguientes instrucciones. No te preocupes por ser más fuerte en algunas casillas que en otras. En general, las personas sobresalen en dos o tres y son débiles en las demás. Puedes elegir desarrollar cualquier casilla en cualquier momento.

*Casilla 1: Humanidad básica.*La humanidad básica es nuestro interés innato en el bienestar de los demás. En sus expresiones más desarrolladas, motiva comportamientos cooperativos, respetuosos, atentos, protectores y altruistas. En la adversidad, motiva el sacrificio y el rescate. La mayoría de los expertos están de acuerdo en que ese tipo de comportamientos ayudaron a nuestros primeros ancestros a sobrevivir en entornos difíciles y a prevalecer sobre depredadores más poderosos.

Desarrollar un sentido de humanidad básica nos permite crecer más allá de las limitaciones de la experiencia personal y el prejuicio que la acompaña. Cuanto más contacto tengamos con la humanidad básica, más humanos nos sentimos. Cuando no estamos en contacto con ella, nos sentimos menos humanos, con menor capacidad de sanar y crecer.

El contenido de la casilla de depósito1 es un ejemplo de humanidad básica tomado de la realidad o de nuestra imaginación. Éste es el ejemplo 1 que uso con la mayoría de mis pacientes: Imagina que manejas solo en la noche y nada más hay un coche en el camino. De repente, se desvía y choca con un árbol. Hay dos personas adentro, la mamá y una niña de cuatro años. La mamá no está herida, pero sí atrapada en el asiento de enfrente y tendrá que esperar a que un equipo de rescate quite el metal torcido y las bolsas de aire que la tienen atrapada. No puede ayudar a su hijita, que sale por la ventana de atrás. Aunque no está herida físicamente, la niña, a quien el choque despertó de golpe y no ve a su madre, se siente desamparada y aterrorizada. Tiembla de miedo. Tú eres la única persona que puede ayudar. ¿Qué haces?

Por supuesto, la mayor parte de la gente llamaría al 911, tranquilizaría a la madre diciendo que la ayuda está en camino y consolaría a la niña.

Imagina que has hecho las primeras dos cosas y ahora consuelas a la niña. Cierra los ojos (es más fácil imaginar así) y siéntete reconfortando a esta niña asustada. La abrazas y meces; le susurras y la animas. Te esfuerzas tanto por consolar a la niña asustada que tardas en darte cuenta de lo bien que está funcionando. Se tranquiliza, aferrada a ti, con la cabeza en tu pecho. Tú sientes su corazón latiendo junto al tuyo. Se siente calmada y a gusto, gracias a ti y a tu compasión.

(Me gusta este ejemplo porque consolar a un niño desesperado e inocente apela a nuestros instintos de mejorar, apreciar, proteger y conectar, simultáneamente. Por supuesto, puedes idear algo más a partir de tu sentido de humanidad básica y describirlo en lugar de esto.)

Casilla 2: Significado y propósito. El significado y el propósito, estrictamente hablando, no son valores. Resultan de ser fieles a las cosas más importantes para y sobre nosotros. Si somos fieles a nuestros valores más profundos, sean cuales sean, tenemos un sentido de significado y propósito. Si no, carecemos de él y es probable que llenemos el vacío con obsesiones o adicciones, o simplemente volviéndonos letárgicos, con poca motivación y vitalidad. Incluyo aquí el significado y el propósito sólo para hacerlos más accesibles a la conciencia. De lo contrario, tendemos a pensar en términos de significado y propósito sólo cuando los hemos perdido.

Tu BVE usa dos oraciones para reflejar el significado y propósito de tu vida. La primera oración que debes escribir es aquello *más* importante en ti como persona. Aunque escribiste esto en el capítulo anterior, repítelo en la casilla 2. (La repetición es la forma más fácil para volver a entrenar al cerebro.)

La segunda oración describe lo más importante de tu vida en general. Piensa en términos de tu legado para el mundo o de cómo te gustaría que te recordaran. Es lo que te gustaría tener en tu tumba o en una elegía de dos oraciones.

Casilla 3: Apego (amor). El apego es la formación y mantenimiento de lazos afectivos. Es el primer valor que creamos en la vida. El dolor del apego tiende a ser el peor, razón por la cual es tan devastadora la traición íntima, ya que puede hacerte sentir indigno de amor o fuera de lugar como pareja, padre, hijo, hermano o amigo cercano.

Llena esta casilla con los nombres de tus seres queridos. Escribe sus nombres, pero el contenido de la casilla es el amor que les tienes.

Casilla 4: Espiritualidad. En el sentido psicológico, la espiritualidad no necesariamente tiene que ver con Dios ni con la religión. Es una sensación de conexión con algo más grande que uno mismo. Ese algo puede ser Dios, la naturaleza, el cosmos, una causa social, moral o política, o la humanidad. La importancia de la conexión espiritual antecede a la historia registrada. La evidencia sugiere que los neandertales —el grupo más primitivo de "hombre de las cavernas"— enterraba a sus muertos en lo que parecen ser ceremonias espirituales (Maureille, 2002).

Añade un símbolo en esta casilla (dibujo, marca o palabra) que tiene importancia espiritual para ti. Puede ser religioso, natural, cósmico o social, que te conecte con algo más grande que tú mismo.

Casilla 5: Naturaleza. La capacidad de apreciar y conmoverse con lo bello de la naturaleza parece exclusivamente humana. Somos capaces de admirarla y sentirnos parte de ella al mismo tiempo. (Es interesante que, cuando los directores de cine quieren dar cualidades humanas a animales o robots, como en *Wall-E* y la versión más reciente de *King Kong*, los muestran admirando la belleza de la naturaleza.)

En esta casilla, nombra, dibuja o describe una escena de la naturaleza que te parezca hermosa. Nota: En ésta y en la siguiente casilla, concéntrate en cosas que es probable que veas en tu entorno. El Taj Mahal y los jardines de Babilonia están bien, pero necesitas mucha belleza local para reforzar tu valor esencial.

Casilla 6: Creatividad. La creatividad incluye la expresión y el aprecio del arte: literatura, arquitectura, música, danza, mobiliario, joyería o cualquier cosa creada por ti u otra persona. Tanto al crear como al apreciar estas cosas se accede al valor esencial, en un grado relacionado con el esfuerzo y energía que inviertes en la actividad. La mayor parte del tiempo, crear requiere más esfuerzo y energía, pero apreciar con atención también producirá una recompensa sustancial.

En esta casilla identifica una obra de arte, música, artesanía, arquitectura, o alguna otra creación humana que valores.

Casilla 7: Comunidad. Una sensación consciente de comunidad se presenta al conectarte con un grupo de personas. El cerebro humano alcanzó su forma actual cuando todavía necesitábamos vivir en comunidades muy unidas para sobrevivir. La importancia biológica de la comunidad se ve en el alto grado de contagio comunitario de las emociones, una fuerza inconsciente poderosa que subyace a la estructura social (Hatfield, Cacioppo y Rapson, 1994). En otras palabras, la transmisión y recepción social de emociones nos incluye en comunidades, grandes o pequeñas, ya sea que estemos o no conscientes de ellas. Se llega al valor esencial cuando somos conscientes de ellas.

En esta casilla, identifica cómo o dónde experimentas conexión comunitaria, por ejemplo, en el templo, la escuela, el trabajo o la colonia.

Casilla 8: Compasión. La definición de un acto compasivo alivia el sufrimiento, la aflicción o el malestar de otra persona, sin que recibas ninguna ganancia material. En otras palabras, no lo haces para obtener algo a cambio. Los actos compasivos son el lubricante de los lazos sociales y la sangre de las relaciones íntimas. Es casi seguro que antes de la traición sintieras una disminución significativa de compasión por parte de tu pareja.

Hablando en términos psicológicos, se obtiene una mayor recompensa de comportamientos pequeños pero frecuentes que de pocos y grandes. Por ejemplo, dar un billete a la caridad cuando puedes trae consigo una recompensa psicológica más acumulativa que dar una suma grande en Navidad. Ningún acto de compasión es demasiado pequeño para acceder a un estado de valor esencial. Cualquier cosa que encaja en una rutina es más probable que produzca un cambio duradero y significativo.

En la casilla 8, enlista tres cosas compasivas. Las veces en que ayudaste o consolaste a alguien sin tener una ganancia material para ti. El contenido de la casilla es tu estado emocional cuando llevas a cabo pequeños gestos de compasión. (Elige gestos relativamente pequeños que puedan ser parte de tu rutina: ayudar a alguien que tiene problemas para cargar unos paquetes, visitar enfermos, hablar con alguien deprimido.)

Usar tu BVE

El resto de este capítulo describirá tres formas distintas de usar tu BVE para sanación y crecimiento generales:

♥ Inversión diaria: entrenar tu cerebro para pensar en términos de crear valor y significado.

♥ Imágenes restaurativas: sanar recuerdos dolorosos (como se planteó en el capítulo 4).

♥ Regulación de las emociones: calmarte cuando estás alterado y alegrarte cuando estás deprimido.

Inversión diaria. Un propósito principal de hacer inversiones diarias en tu BVE es aliviar el estrés acumulado por devaluarte de manera constante, a ti y a otras personas, tendencia que casi siempre viene después de la traición íntima. La meta a largo plazo es crear un hábito de generación de valor, de modo que automáticamente busques incrementar el valor de tu experiencia. Así pues, una estrategia con potencial único para la sanación psicológica es agregar un elemento a tu BVE o mejorar uno que ya esté en él, todos los días y por el resto de tu vida.

Si te parece demasiado, hazlo sólo los días en que comes. No es del todo una broma; considera el trabajo de valor esencial como reabastecimiento, algo que se debe hacer todos los días, como comer y dormir. No requiere mucho tiempo, en realidad sólo de unos segundos, no obstante, la repetición diaria vuelve a conectar el cerebro para pensar y actuar en términos de generar valor en lugar de devaluar.

Las casillas de "naturaleza" y "creatividad" son las más accesibles para nuevos elementos, ya que hay miles de posibilidades. Las demás casillas requieren conciencia, aprecio y práctica de lo que ya se encuentra en ellas, en vez de adicionar nuevos elementos. Sé más consciente respecto a tus conexiones humanas básicas, al significado y propósito de tu vida, del amor que sientes por los demás. Aprecia tus conexiones espirituales y comunitarias, así como los pequeños actos compasivos que llevas a cabo.

Declaración de inversión diaria del banco de valor esencial

Tu banco de valor esencial está abierto noche y día para hacer depósitos. En cualquier momento, puedes hacer algo —o recordarte que hiciste algo— para acceder a tu valor esencial y avanzar en el camino de la sanación y el crecimiento. Por supuesto, el comportamiento abierto tiene el mayor efecto en el procesamiento del cerebro, pero el comportamiento de imágenes producirá un efecto positivo, si se repite con el tiempo.

Lleva un registro de tus "créditos" al copiar y llenar la siguiente lista.

- Número de veces que ayudé a alguien hoy:
- Número de veces que respeté a alguien:
- Número de veces que (silenciosamente) valoré a las personas que vi en la calle:
- Número de veces que sentí autocompasión (reconocí mi dolor con motivación para mejorar y sanar):
- Número de veces que sentí compasión por alguien más (entendí su perspectiva y ofrecí ayuda):
- Número de veces que sentí amor por alguien:
- Número de veces que sentí una conexión íntima:
- Número de veces que sentí una conexión comunitaria:
- Número de veces que sentí una conexión espiritual:
- Número de veces que mejoré (por lo menos 5 por ciento) una situación problemática, o mejoré mi experiencia respecto a ella:
- Número de veces que, cuando me preocupaba que algo malo pudiera suceder, pensé cómo mejorarlo:
- Número de veces que aprecié algo de alguien:
- Número de veces que aprecié algo en la naturaleza:
- Número de veces que aprecié algo hecho por una persona: música, arte, arquitectura, mobiliario, ropa, etcétera:

- ♥ Número de veces que actué conforme a mis valores más profundos:
- ♥ Número de veces que me sentí protector respecto a alguien, a la vez que respeté su autonomía:
- ♥ Número de veces que renové mi propósito en la vida:
- ♥ Crédito total:

El "crédito total" anterior se concibe como una forma de darte crédito por ejercer tu valor esencial. Llevar un registro del balance diario de tus "Declaraciones de inversión del BVE" ofrecerá una valoración relativamente objetiva, cuantitativa de tu progreso para sanar y crecer.

Aunque el poder de los valores esenciales se encuentra en la capacidad de controlar el significado de tu experiencia en el presente, también da una perspectiva de la tarea de toda una vida de crear valor y significado. En una hoja llena la siguiente lista una vez cada dos meses. Para cada elemento de la lista, responde "algo", "mucho" o "un número/cantidad enorme". Deberías notar un movimiento significativo con el paso del tiempo, de números pequeños a números más grandes.

Declaración de toda la vida del banco de valor esencial

- ♥ Número de personas a las que he ayudado:
- ♥ Cantidad de sufrimiento en el mundo que he disminuido:
- ♥ Momentos de felicidad que he causado:
- ♥ Número de pequeñas formas en que he hecho del mundo un mejor lugar (puedes usar como guía tu declaración diaria de BVE):

Imágenes restaurativas. A medida que con el tiempo llenes las casillas de depósito de tu BVE, de manera simultánea generas un suministro de imágenes restaurativas; cualquiera puede asociarse con recuerdos dolorosos a fin de sanarlos, en la forma en que se describió en el capítulo 4. Tu BVE es un repositorio de imágenes restaurativas.

Regulación de emociones. En su forma más simple, la regulación te calma cuando estás alterado y deprimido. En general, nos alteramos y nos sentimos deprimidos cuando percibimos (por lo general de manera inconsciente) algún tipo de dolor o vulnerabilidad. Las formas más comunes de dolor y vulnerabilidad que ocasionan desequilibrio emocional son sentirse menospreciado, culpable, rechazado, impotente, fuera de lugar o indigno de amor. La regulación de las emociones tiene lugar cuando pasamos de estados de dolor y vulnerabilidad a estados de valor esencial. La estrategia subyacente de la mayoría de los ejercicios de este libro es convertir el dolor y la vulnerabilidad en los estados empoderados de valor esencial.

Una versión simplificada de tu BVE (una imagen por casilla) es una ayuda útil para revertir cualquier defensa mal adaptada en contra de la vulnerabilidad desde la traición. (También funciona con el insomnio, de lo cual hablaré en el próximo capítulo.) Del capítulo 3, recordarás que a Cindy le estaba costando mucho trabajo recuperarse de los múltiples amoríos de su marido. Como muchos de mis pacientes, al principio ella se resistió a establecer un compromiso con la identidad de sanación. Pero, una vez que hizo ese compromiso, fue capaz de usar su BVE para sanar su herida. Su tarea era apartar sesiones de cinco minutos doce veces al día. (Ese número parece óptimo para formar nuevos hábitos emocionales, aunque, por supuesto, varía en cada caso individual.) En cada sesión, ella pensaba en los amoríos lo suficiente para estimular los sentimientos de sentirse fuera de lugar y no ser digna de amor. En cuanto llegaba el sentimiento doloroso, repasaba todas las casillas de su BVE. Se imaginaba consolando a un niño desesperado. Recordaba lo más importante de ella como persona, es decir, ser atenta, compasiva y amorosa con la gente que quiere. Recordaba lo más importante de su vida en general, que es contribuir con la mayor cantidad de amabilidad posible al mundo. Sentía amor por las personas importantes en su vida: hijos, padres, tías y sus dos mejores amigas. Sentía su conexión con Dios. Se asombraba con las hojas otoñales de su imaginación. Sentía su música favorita, la camaradería de su sindicato y una serie de pequeñas cosas llenas de compasión. La repetición de este proceso forjó una sólida conexión entre estados de dolor y vulnerabilidad y su calor esencial, de modo que cada vez que se sentía fuera de lugar o indigna de amor, su valor esencial se activaba de manera automática, demostrándole que, en realidad, es valiosa y digna de amor, *porque* valora y ama. Tras dos semanas de práctica, creía este hecho crucial: su valor esencial era mucho más importante que el mal comportamiento de su pareja.

En futuros capítulos, daremos seguimiento al progreso de Cindy para sanar y crecer.

Ejercicio de regulación de emociones

El ejercicio siguiente está diseñado para asociar pensamientos intrusos con imágenes de tu BVE. Con la práctica, la llegada de los pensamientos estimulará las imágenes. Las sesiones de práctica consisten en recordar el pensamiento desagradable y de inmediato repasar una versión resumida de tu BVE. La mayor parte del tiempo esta práctica te ayudará a llegar a algo para mejorar la situación o tu experiencia de ésta.

Describe algo que resientas respecto a la traición. Ejemplo: Mi ex se robó la mayor parte de nuestro plan de retiro y, no obstante, en el acuerdo de divorcio pide la mitad de lo que queda."

Invoca las emociones en tu BVE. Hazlo mentalmente o escribe sólo un elemento en cada categoría: Humanidad básica, Significado y propósito, Apego, Espiritualidad, Naturaleza, Creatividad, Comunidad y Compasión.

Explica qué harás para mejorar. Ejemplo: "Moveré mis recursos legales para lograr un acuerdo de divorcio más justo, pero no me obsesionaré al respecto ni internalizaré la violación que mi ex hizo a su valor esencial. En cambio, mejoraré las situaciones lo mejor posible, apreciaré lo más posible, me conectaré con mis seres queridos, me identificaré con mi comunidad, ejerceré mis valores espirituales y seré lo más compasivo posible."

Describe algo que te haga sentir deprimido o ansioso respecto a la traición. Ejemplo: "Me maltrató a lo largo de todo nuestro matrimonio y yo lo soporté."

Invoca las emociones en tu BVE. Hazlo mentalmente o escribe sólo un elemento por categoría: Humanidad básica, Significado y propósito, Apego, Espiritualidad, Naturaleza, Creatividad, Comunidad y Compasión.

Explica qué harás para mejorar. Ejemplo 1: "Permanecí en un mal matrimonio porque quería mantener intacta mi familia. Ésa era una meta noble. Confío en mi valor esencial, especialmente en que me ayudará a confiar mejor en el futuro." Ejemplo 2: "Permanecí en un mal matrimonio porque tenía miedo de irme y enfrentar mi miedo al aislamiento. Voy a establecer una red social de amigos y familiares para alejar los sentimientos de aislamiento naturales que se presentan cuando están llegando a su fin las relaciones de apego. Voy a desarrollar mi valor esencial al concentrarme en mis pensamientos, sentimientos y comportamiento en mejorar, apreciar, proteger y conectar."

Repite el ejercicio anterior de regulación emocional con diferentes elementos para que te hagan sentir deprimido, ansioso o resentido, hasta que tengas la seguridad de que, sin importar lo triste, afligido, enojado o angustiado que estés, si vieras a un niño desesperado dejarías de sentirte triste, afligido, resentido o enojado y te acercarías a él para consolarlo y calmarlo. Practica hasta que tengas la seguridad de que, en circunstancias de estrés, puedes renovar el significado y propósito de tu vida al reforzar lo más importante de ti como persona y lo más importante de tu vida. Practica hasta que sepas que al estar bajo estrés puedes recurrir al amor que tienes a las personas importantes de tu vida, sentir tu conexión espiritual y apreciar la belleza en tareas naturales y creativas. Practica hasta que tengas la seguridad de que al estar bajo estrés podrás sentir tu conexión con la comunidad y recordar todas las pequeñas cosas compasivas que has hecho. Con la práctica, serás capaz de mejorar cualquier situación que enfrentes, o por lo menos mejorar tu experiencia de aquello que enfrentas. Sanarás y crecerás. Controlarás el significado de tu vida.

Tu BVE será el cimiento de una estrategia para lidiar con los síntomas de estrés postraumático, que casi siempre emergen durante la recuperación de la traición íntima. Cómo superar esos síntomas es el tema del siguiente capítulo.

Resumen

Tu banco de valor esencial es un repositorio interno de las cosas más importantes sobre ti. Tiene ocho casillas con imágenes, iconos y afirmaciones en las amplias categorías de valores que, hasta cierto punto, son universales entre los seres humanos. Tiene una cualidad expansiva, dado que crece al adicionar nuevos elementos y mejoras cotidianas, y ayuda a volver a entrenar tu corazón en forma de sanación y crecimiento. En una versión sintetizada, puede ayudar a la regulación emocional, calmándote cuando estás alterado, animándote cuando estás deprimido y, como verás en el siguiente capítulo, ayudándote a dormir cuando el sueño no llega fácilmente.

7. La traición íntima y el estrés postraumático

Como si recuperarte de una traición íntima no fuera ya bastante difícil, la naturaleza lo tiene que complicar aún más al añadir síntomas de estrés postraumático (SEPT), que la mayoría de las personas traicionadas experimentan hasta cierto punto. Este capítulo describirá el SEPT y te enseñará cómo manejar sus síntomas más intrusivos.

El tipo más común de SEPT, el que más se conoce, es ocasionado por un elemento que genera un estrés agudo, o por un acontecimiento que te cambia la vida, los cuales ejercen una reacción extrema en el sistema nervioso central (SNC). Algunos ejemplos son el combate militar, la violación, el asalto, la violencia a mano armada o un choque automovilístico severo.

El otro tipo de estrés postraumático es ocasionado por un elemento generador de estrés menos intenso pero más duradero, que con frecuencia padecen las personas demandadas, enjuiciadas por crímenes, investigadas por Hacienda o perseguidas, discriminadas, agredidas o ridiculizadas en el trabajo y en la escuela. Este tipo de factor de estrés no implica un miedo significativo a padecer un daño o una aniquilación. Sin embargo, trae consigo un terrible miedo a la vergüenza, la humillación y el aislamiento o pérdida de estatus y recursos, si no es que de libertad personal. Mantienen al SNC en un nivel crónico de estrés alto. La traición íntima por lo general evoca este tipo de respuesta de SEPT.

Un modelo fisiológico

Uso el siguiente modelo fisiológico para explicar el tipo de SEPT que por lo general viene después de la traición íntima, porque la reacción inicial del SNC es de naturaleza más fisiológica que psicológica. Supón que estás solo en una habitación y una de las columnas que sostienen el techo empieza a inclinarse peligrosamente. La única forma de salvarte es sostener con el hombro la columna hasta que llegue ayuda. Unas veinticuatro horas después, llega la ayuda para asegurar la columna y el techo, liberándote de tu carga. Cuando tratas de irte, eres incapaz de enderezarte y caminar normalmente. Las terminales nerviosas de los músculos de tu hombro, costado y pierna han paralizado el tejido circundante, haciendo que los músculos clave sean casi inmóviles por un tiempo. El problema mejora gradualmente. En unos tres días, finalmente te puedes poner de pie y disfrutar de tu movilidad, pero durante otros tres días más o menos experimentas espasmos musculares ocasionales en el hombro, costado y piernas, donde se concentró la mayor parte de la tensión. Son cálculos aproximados del tiempo de recuperación que no incluyen variaciones en edad, salud, tono muscular o flexibilidad, pero sirven para que te des una idea. El estrés prolongado requiere recuperación prolongada.

Una situación similar se presenta con factores de estrés emocional a largo plazo, como tener que andarte con pinzas en tu casa, vivir con críticas continuas o albergar sospechas de engaño, infidelidad o fraude por parte de tu pareja. Una vez que el elemento que genera el estrés pasa —cuando la traición es expuesta y se reduce la situación posterior de caída libre— el SNC no regresa a la normalidad por un tiempo. (Por cuánto tiempo exactamente depende de la duración de las condiciones estresantes y del nivel de determinación para enfocarse en sanar, reparar y mejorar.) Todo el sistema debe volverse a calibrar para encontrar un rango normal de respuesta, sin que el factor estresante crónico lo "presione".

El equivalente mental de los espasmos musculares del proceso de recalibración del SNC se experimenta como olas de emoción negativa, que parecen salir de la nada, con poca o ninguna advertencia. A menudo sin un detonante discernible, las olas de emoción toman el control de tu cuerpo, que se vuelve tenso, rígido y agitado. Dominan tu conciencia y hacen que parezca que eres incapaz de pensar en ninguna otra cosa que lo terrible que te sientes o lo horrible que es tu pareja por hacerte sentir tan mal. Por lo general comienzan con una imagen instantánea: la conciencia abrupta de que estás a punto de experimentar algo terrible. A veces se presenta un marcador físico junto con esa rápida e instantánea aparición, algo como sentir un vacío en el estómago, un dolor agudo, debilidad muscular o visión borrosa.

Los síntomas más comunes que se presentan en oleadas durante el proceso de recuperación son los siguientes:

- ♥ Recuerdos vívidos de incidentes dolorosos del pasado (a menudo de la infancia).
- ♥ Ansiedad o miedo intensos.
- ♥ Confusión y afectación de la capacidad de tomar decisiones.
- ♥ Ira.
- ♥ Sufrimiento, desesperanza, depresión o desesperación.
- ♥ Impulsividad.
- ♥ Fantasías agresivas o violentas.

Detonantes y momento en que se presentan los síntomas

Los síntomas de EPT tienen detonantes, pero con frecuencia son difíciles y en ocasiones imposibles de discernir. Una vez más, el dolor físico es un modelo útil de cómo funcionan los detonantes y por qué son tan difíciles de descubrir.

El cerebro procesa el dolor en una red neuronal dedicada que tiene prioridad de procesamiento. Si lo dudas, imagina lo siguiente: Durante una plática profunda de validación mutua con tu mejor amigo, te derramas encima café. ¿Qué crees que tu cerebro considerará más importante: prestarle atención a tu amigo o atender tu lesión? Después de la quemada, las redes neuronales prioritarias se vuelven hipersensibles. Te encoges de dolor cuando acercas la mano a una taza de café caliente, porque asocias el dolor con el calor. Esta reacción involuntaria persiste hasta que la experiencia repetida con el tiempo demuestra que no es probable que se repita el dolor ocasionado por el café caliente siempre y cuando tengas cuidado.

Del mismo modo en que el calor hace que la víctima de la quemadura encoja la mano, reinstaurar la intimidad, la confianza, el amor o la compasión puede detonar el mismo tipo de "encogimiento" involuntario (olas de emociones negativas) después de la traición íntima. Es la intimidad la que condujo a la traición y el cerebro traicionado suele asociar el dolor con la exposición íntima. Como los sentimientos de intimidad con frecuencia son vagos, con una amplia gama de recuerdos asociados (desde que gateábamos hasta nuestra experiencia más reciente), es difícil identificar detonantes específicos del SEPT. Sin embargo, puedes apostar que en los meses posteriores a una traición íntima, sonará la alarma en el momento más inoportuno, mientras un amigo te abraza con cariño o en un momento en que la estás pasando bien con tus hijos o en mitad de un pensamiento agradable. De la nada, las olas de emociones negativas te pueden acosar.

El camino a la recuperación que siguió Cindy tuvo varios episodios de SEPT. Llegaban cuando estaba en el trabajo y mientras ayudaba a sus hijos a hacer la tarea, en especial cuando comenzó a hacer progresos en sus intentos por reparar su matrimonio. El peor incidente sucedió cuando ella y su esposo estaban de vacaciones en el lugar donde habían pasado su luna de miel en las Bahamas. Él estaba tan arrepentido de sus acciones y se había esforzado tanto en reparar su matrimonio que ella estaba dispuesta a intentar una segunda luna de miel. Caminaban por la playa, sintiendo la brisa cálida del mar. Se sentía más cerca de él de lo que se había sentido en años. De pronto, su cuerpo se puso rígido. Comenzó como un vacío en el estómago que luego le recorrió todo el cuerpo como rayos calientes de luz, un enojo enorme e incontenible. No podía recordar nada (ni ideas ni imágenes ni sonidos) sólo el filo ardiente de la ira.

"¡Lo arruinaste todo!", le gritó a su marido. "¡Me arruinaste la vida! ¡Eres un egoísta! ¡Maldito egoísta!" No le importó que otras personas que estaban en la playa la escucharan y la vieran. Tenía que alejarse de él. Regresó al hotel mientras su ira le daba la energía para correr más de tres kilómetros en la arena.

Cerró con cadena la puerta de la habitación para que él no pudiera entrar. Él llamó débilmente desde el pasillo, preguntándole si había algo que pudiera hacer. Ella no podía dejar de pensar en sus mentiras. Lo odiaba. Pero también se odiaba a sí misma por odiarlo.

Poco a poco, su ira disminuyó y cayó en un abatimiento sin fondo.

"¿Cuál es mi problema?", dijo llorando. "Mi vida es mucho mejor ahora. Tengo todo lo que siempre quise y estoy más triste que nunca. ¿Cuál es mi *problema*?"

Tú no eres tus síntomas

Es importante saber que los síntomas del EPT no son parte de tu personalidad. No son otra cosa que una respuesta retrasada, en su mayor parte psicológica, a factores de estrés pasados. Son una etapa perfectamente natural de recuperación de un periodo de estrés prolongado.

El aspecto más dañino de los síntomas de EPT son los *síntomas secundarios* o síntomas sobre síntomas. Éstos se detonan por el significado que das a los síntomas primarios. Si crees que las olas abruptas de emociones significan que estás loco o nunca estarás bien ni serás feliz, o que tienes algo malo o estás muriendo, entonces los efectos son horribles y te inundan la adrenalina y el cortisol de los síntomas secundarios por encima de los primarios.

Para sanar y crecer, como tanto mereces, debes controlar el significado de tu experiencia emocional, en otras palabras, lo que significa para ti y lo que dice de ti. Ése es el secreto de manejar los síntomas intrusivos del EPT que con tanta frecuencia se presentan después de la traición íntima.

Cómo manejar los síntomas

Maneja con amabilidad y cuidado las olas de sentimientos del EPT. Su existencia misma significa que el factor de estrés ha sido eliminado. Nadie tiene pesadillas con bombas *durante* la guerra. Mientras los factores de estrés están activos, el SNC se pone en modo de supervivencia, sin destinar recursos mentales a "volver a la normalidad". Sólo después de que el factor de estrés se elimina, el SNC comienza a recalibrarse a la normalidad. Por eso el diagnóstico de trastorno de estrés postraumático (TEPT) no se puede realizar sino, por lo menos, tres meses después de eliminar el factor de estrés.

Más buenas noticias:

♥ Los síntomas son *temporales*. A menos que los alimentes especulando sobre por qué suceden o lo que significan para ti y para tus relaciones, no durarán más que unos minutos.
♥ Son una señal de sanación.
♥ No tienen que ver con el presente, son efectos residuales de algo que sucedió en el pasado.

La mejor manera de manejar las olas de emoción negativa es sentarte y dejar que te inunden. Di para tus adentros: "Aquí viene una de esas olas temporales. No significa nada y pronto pasará. Estoy bien ahora y estaré mejor en unos minutos."

Los síntomas se parecen mucho a las olas de la playa. Si intentas ponerte de pie en mitad de las olas del mar, te pueden derribar en la arena. Sin embargo, si las capoteas, estás consciente de que simplemente hay una fuerza que pasa rápidamente sobre ti. Permite que los síntomas del EPT te inunden como la sensación de nadar bajo las olas de la playa. Sólo durarán unos minutos, con una incomodidad mínima. Si los manejas de esta manera, es probable que disminuyan su frecuencia e intensidad hasta que se detengan por completo.

Recurrir a tu BVE durante las olas de emociones es otra manera de acortar su duración. Esa noche en el hotel adonde había ido para una segunda luna de miel con su marido,

Cindy finalmente recordó el entrenamiento en EPT que habíamos practicado en la terapia. Recordó que sus síntomas requerían amabilidad y cuidado. Se dijo a sí misma que eran temporales, sin significado psicológico. Simplemente eran una respuesta fisiológica, como los espasmos musculares, un efecto residual a acontecimientos pasados y una señal de que el proceso de sanación pronto terminaría. Asoció los síntomas con su banco de valor esencial. Se imaginó consolando a un niño. Recordó lo más importante de su vida, contribuir con la mayor amabilidad posible al mejoramiento del mundo. Sintió amor por las personas importantes en su vida (hijos, padres, tías y mejores amigos). Sintió su conexión con Dios y su asombro ante las hojas del otoño. Imaginó su música favorita, el sindicato al que pertenecía y pequeñas cosas compasivas que había hecho. Para cuando terminó, su ira y desesperación habían desaparecido.

Las olas de emociones negativas de Cindy regresaron tres o cuatro veces en las siguientes semanas, aunque con menor intensidad. Desde la primera muestra (en su caso era el vacío en el estómago) controlaba sus episodios de EPT de la manera anterior. Y terminaron.

Ejercicio CVB para EPT

Usa este ejercicio para practicar el control de los síntomas del estrés postraumático.

> En una hoja describe una ola de emociones negativas que parecía venir de la nada. Ahora imagina que, durante esta experiencia, te calmas a ti mismo diciéndote que es temporal, que no tiene significado psicológico, que es una mera respuesta, un efecto residual de acontecimientos pasados y una señal de que el proceso

de sanación pronto terminará. Asocia las imágenes de tu banco de valor esencial con los síntomas experimentados. Por mala que haya sido la ola de sentimientos, si hubieras visto un niño en problemas, te hubieras arrastrado, de ser necesario, para ayudarlo, porque ésa es la persona que eres realmente. Siéntete consolando al niño y volviéndote más fuerte en el proceso. Recuerda lo más importante de ti como persona y lo más importante acerca de tu vida. Siente el amor por las personas importantes de tu vida. Siente tu conexión espiritual, algo hermoso, creativo que te conmueve, tu sensación de comunidad y cómo te sientes cuando llevas a cabo pequeños actos compasivos. Siente cómo te vuelves más fuerte y más grande que tus síntomas temporales.

Practicar las respuestas anteriores en tu imaginación mientras recuerdas olas de emoción pasadas hará que sea más fácil realizar el ejercicio cuando las olas se apoderen de ti en tiempo real. Con la práctica, serás capaz de manejar los síntomas con amabilidad y cuidado, hasta extinguirlos.

Medicamentos

Si tus síntomas parecen demasiado intensos para manejarlos, o si tienes pensamientos suicidas o que implican hacerte daño, por favor, consulta a un psiquiatra para que evalúe si necesitas medicamentos. Piensa en esto como novocaína psiquiátrica para ayudar a adormecer el dolor mientras la sanación progresa, a medida que llevas a cabo las técnicas anteriormente descritas. (A alrededor de 25 por ciento de mis pacientes le ha parecido que la medicación temporal es útil.) Buscar ayuda médica cuando es necesario es el tipo de amabilidad y cuidado del todo consistente con tu identidad de sanación.

Insomnio

En las semanas posteriores a la traición íntima, casi todo el mundo padece algún tipo de alteración del sueño. Una vez que llegan los SEPT, dormir profundamente parece un recuerdo borroso del pasado. El resultado desafortunado es la alteración de los procesos cognitivos, poca energía y tasas de errores más altas en cualquier cosa que hagas. Nuestra habilidad para regular emociones y mantenernos en calma y hasta cierto punto optimistas en situaciones de estrés se ve muy afectada con la privación de sueño. (El cerebro percibe más vulnerabilidad cuando está cansado y es más propenso a usar la adrenalina de la ira para obtener energía. Por ello, la irritabilidad es un rasgo distintivo de la falta de sueño.) La mayoría de mis pacientes que han sufrido una traición íntima comienzan el tratamiento con una de las tres formas de insomnio que se describen a continuación.

Los patrones de sueño normales consisten en ciclos que duran alrededor de noventa minutos cada uno. Por lo general, el insomnio se presenta al inicio o al final de un ciclo. Por ejemplo, Carl tenía *insomnio de conciliación*. Le tomaba por lo menos de noventa minutos a tres horas (uno o dos ciclos de sueño) quedarse dormido. Daba vueltas y vueltas, luchando con pensamientos del amorío de su esposa, durante lo que parecían periodos interminablemente largos antes de dormir.

Josh tenía *insomnio terminal*. Casi todas las mañanas, se despertaba de noventa minutos a tres horas antes de que sonara su despertador. No tenía suficiente energía para levantarse e iniciar el día, ni suficiente tranquilidad para volverse a dormir, al menos no una vez que sus pensamientos regresaban a sus preocupaciones financieras luego de que su esposa había limpiado sus cuentas, incluyendo el plan de retiro. Después de mucha preocupación, finalmente lograba adormecerse, sólo para que poco después lo despertara el sonido de la alarma.

Elizabeth tenía la alteración del sueño más habitual después de la traición íntima: *insomnio intermedio*. Se dormía con facilidad, pero sólo por dos o tres horas. En mitad de la noche, se quedaba despierta por completo de noventa minutos a cuatro horas. Aunque muchos meses antes por fin había dejado a su marido, que la maltrataba, los pensamientos de sus acusaciones continuas, sus insultos y sus críticas surgían durante esas primeras horas de la mañana. El nivel de fatiga, en especial la tarde siguiente, en este tipo de disfunción del sueño no es peor que en los otros dos. Pero el insomnio intermedio tiene un efecto más poderoso en el ánimo. Apenas unas semanas de esta alteración particular del sueño puede producir depresión biológica, posiblemente porque inhibe el reabastecimiento de los neurotransmisores responsable de regular los estados de ánimo y, en general, de sentirse bien.

Sobra decir que estos tres pacientes probaron pastillas para dormir que les habían ayudado por un tiempo. Pero los tres, como la mayoría de mis pacientes, encontraron que los medicamentos no detenían los pensamientos nocturnos sobre la traición, sólo los hacían un poco más adormilados y menos coherentes.

A medida que pasamos de la vigilia al sueño, la actividad predominante en el cerebro cambia del hemisferio izquierdo al derecho. El izquierdo es más analítico, computacional y verbal, entre otras cosas, mientras que el derecho piensa en imágenes y símbolos. Quizá notaste que Carl, Josh y Elizabeth invariablemente pensaban en palabras y en números financieros al despertar. Este patrón reducía mucho sus posibilidades de volverse a dormir rápido. Y lo peor es que sus pensamientos producían ansiedad y resentimiento, los cuales implican la estimulación bioquímica del sistema nervioso central. Al dar vueltas y vueltas en la cama (un rasgo característico de todas las formas de insomnio) se originaba la secreción de otro estimulante (el cortisol) que llenaba de energía sus músculos cansados.

La estrategia de sanación de las tres formas de insomnio es convertir cualquier palabra de tu banco de valor esencial en imágenes. Al despertar, Carl, Josh y Elizabeth intentaban quedarse quietos y concentrarse en las imágenes de su BVE, lo que automáticamente llevaba a otras imágenes tranquilizadoras, fotografías de la naturaleza y escenas de películas... no palabras, ni números, ni ansiedad, sólo imágenes tranquilizadoras.

Esta estrategia no funcionó cada vez que despertaban; a veces, soñaban con palabras y números o, peor, con la traición misma, y ya habían pasado la curva de estimulación bioquímica. Pero, la mayor parte del tiempo, su BVE les ayudó a manejar su insomnio.

Más consejos para el insomnio

A mis pacientes con insomnio les doy los siguientes lineamientos, tomados de varias investigaciones en materia de sueño y de consejos clínicos de expertos en el tema:

♥ Mantén tu habitación lo más oscura posible. Tapa los números brillantes del reloj o cualquier otra cosa eléctrica. La oscuridad aumenta la secreción de melatonina, la sustancia natural del cerebro encargada de inducir el sueño.

♥ Acuéstate y levántate a la misma hora todos los días. Nuestro reloj biológico de sueño óptimo y nuestros niveles de actividad funcionan mejor cuando están en un horario normal.

♥ Reduce la nicotina, cafeína, alcohol y demás estimulantes, en especial después de las 3 p. m., por lo menos hasta que el insomnio haya desaparecido.

♥ Limita las siestas a una corta al día, de no más de veinte minutos.

♥ Haz ejercicio treinta minutos diarios (una caminata bastará) pero no tres horas antes de acostarte.

♥ Limita las actividades en la cama. No trabajes ni veas televisión ni navegues en Internet. Sólo duerme o haz el amor en tu cama.

♥ Evita cenar o beber alcohol tarde. Sin embargo, un refrigerio ligero de proteínas y carbohidratos (como unas galletas con queso o medio plato de cereal con leche) ayuda a dormir a muchas personas.

♥ Haz que tu ambiente para dormir sea cómodo, oscuro y tranquilo.

Ejercicio de insomnio

Reúne o dibuja imágenes que representen uno o dos elementos de cada casilla de tu BVE. En una hoja traza cinco líneas verticales y tres horizontales para formar ocho casillas de tu BVE. Pega cada imagen o dibujo en su casilla y memorízalas. Cuando no puedas dormir, quédate totalmente quieto y piensa en las imágenes, una por una, pasándolas lentamente en carrusel en tu imaginación... sin palabras ni números ni ansiedad, sólo imágenes tranquilizadoras.

Resumen

Los síntomas de EPT son habituales después de una traición íntima. Son más fisiológicos que psicológicos. Ocasionarán un daño mínimo y durarán poco si eres capaz de manejar los síntomas secundarios, cuando a los primarios les das un significado negativo sobre ti. Con amabilidad, cuidado y práctica, no constituirán una barrera para sanar y crecer, sino que servirán para reforzar tu identidad de sanación y tu capacidad para recurrir a tu valor esencial en condiciones de estrés.

8. Cómo transformar la culpa y la vergüenza ocultas en autocompasión

Los mayores obstáculos para sanar y crecer después de la traición íntima también son los más crueles, porque parecen muy injustos. Tanto en formas ocultas como abiertas, la culpa y la vergüenza permean la herida de la traición íntima y afectan todas las relaciones cercanas. Sería muy inusual que por lo menos uno de tus familiares o amigos cercanos no resultara problemático desde la traición.

La culpa y la vergüenza, en su mayoría, operan fuera de la conciencia, cuando no estás consciente de ellas en lo absoluto, por lo general en la forma de arrepentimiento o ansiedad, reforzados por poderosas presiones evolutivas y culturales. La gran mayoría de la culpa y la vergüenza detonadas por la traición de tu pareja es de naturaleza irracional; en otras palabras, tú no hiciste nada para ocasionar la culpa o la vergüenza.

Primero, voy a definir culpa y vergüenza y luego te mostraré por qué obstaculizan la recuperación de la traición íntima. La culpa es una sensación incómoda y a menudo dolorosa que se siente al creer —de manera implícita o explícita— que has violado tu estándar personal con pensamientos o comportamientos específicos, es decir, hiciste (o imaginaste que hacías) algo que considerabas malo. La culpa es más global y consiste en una experiencia dolorosa de uno mismo fracasando, debido a defectos de personalidad, inferioridad o estar fuera de lugar.

Nuestra susceptibilidad a la culpa escondida e irracional después de la traición se debe en gran medida a la función de unión de patrones de la que hablamos en el capítulo 1. El cerebro constantemente intenta empatar percepciones presentes con emociones y motivaciones de experiencias pasadas. Cuando sufres dolor emocional, empatar patrones se vuelve menos preciso. El efecto es como abrir una caja sorpresa titulada "rechazo, fracaso, errores" y que te salten encima la culpa y la vergüenza que acompañan a esas asociaciones pasadas. En otras palabras, el cerebro tiende a correr muchos rechazos, errores y fracasos en la memoria implícita, si parecen remotamente relevantes para lo que sucede en este momento. Como todo el mundo tiene por lo menos un poco de culpa y vergüenza por apegos pasados, es casi seguro que se presenten culpa y vergüenza ocultas después de la traición íntima.

La psicoterapia tradicional podría tardar años en señalar las supuestas causas pasadas de esas asociaciones mentales diversas con la meta de aliviar la culpa y la vergüenza residuales que ocasionan problemas de ansiedad, depresión y enojo en el presente. Una alternativa mucho más simple es convertir toda la culpa y la vergüenza (oculta y abierta) en autocompasión, con la meta de acceder a estados de valor esencial que facilitan la sanación y el crecimiento. Ésa es la intención de este capítulo.

El primer paso para convertir la culpa y la vergüenza en una fuerza para sanar y crecer es comprender por qué son tan poderosas, aun cuando son totalmente irracionales.

Supervivencia y fuerzas culturales

Como mencioné en el capítulo 1, la mayoría de los antropólogos están de acuerdo en que los primeros humanos no habrían sobrevivido de no establecer lazos que los hicieron cooperar en la recolección de alimentos y la defensa territorial. No es de sorprender que los humanos modernos estén dotados de inhibiciones y reacciones emocionales automáticas, prerracionales, preverbales y altamente desarrolladas ante comportamientos que amenazan los lazos emocionales. La culpa y la vergüenza son fundamentales para estas reacciones e inhibiciones, que crean vulnerabilidad (sentirse mal e impotente) cuando se amenazan los lazos de apego. Si amenazo el lazo —en pensamiento o hecho—, experimento culpa. Si un ser querido los amenaza, experimento vergüenza, comúnmente en forma de rechazo. Por lo general encontramos ambos al mismo tiempo. Si amenazo el lazo, mi ser querido puede rechazarme, sumando vergüenza a la culpa; si mi ser querido amenaza el lazo, puedo reaccionar haciendo algo que lo amenace aún más, sumando culpa a la vergüenza.

La vulnerabilidad engendrada por culpa y vergüenza se puede mitigar al fortalecer el lazo de unión. Este proceso—mitigar las amenazas al lazo a través de estrecharlo— funcionó bien durante milenios, hasta que desarrollamos un ego. El ego humano moderno resiste sugerencias de errores implícitas (culpa) y fracaso (vergüenza). En los tiempos modernos, culpa y vergüenza por lo general están escondidas en mecanismos de defensa del ego, como la culpa, el enojo, el resentimiento, la negación y la evasión.

Un ejemplo de cómo el ego afecta la función natural de culpa y vergüenza se ve en lo que los investigadores denominan la dinámica de "exigencia-alejamiento" (Eldridge y Christensen, 2002); es decir, cuando uno de los miembros de la pareja quiere más cercanía de la que el otro puede tolerar. La parte que se aleja experimenta culpa por su incapacidad para cumplir las necesidades emocionales de su pareja y elige una defensa del ego frente a la culpa, por lo general el reclamo ("¡Eres demasiado demandante!") o el enojo ("¡Me estás asfixiando!") o la evasión ("¡Ahora no!"). La parte demandante siente la vergüenza del rechazo y está lista para usar defensas similares de reclamo ("¡Eres una persona fría que evita la intimidad!") o el enojo ("¡Me estás maltratando!") o la negación ("¡Sé que quisieras estar más cerca, pero tus problemas de la infancia son un obstáculo!"). Mientras interactúen al nivel de las defensas del ego, la resolución de alejamiento es imposible. El camino para resolver esto, que resulta relevante para este libro, es que ambas parten regulen su culpa y su vergüenza con autocompasión y recurran a estados de valor esencial para decidir si su conexión es lo suficientemente valiosa para invertir la energía y el esfuerzo necesarios para cultivarla.

Refuerzo cultural de la culpa y la vergüenza

A lo largo de la historia moderna, los lazos de apego se han visto como la piedra angular de comunidades estables, ordenadas y cohesivas. Como consecuencia, los hábitos y leyes culturales para proteger la "santidad" de la familia han evolucionado (Coontz, 2006). Aunque nuestras nociones de familia pasan por una transformación cultural en este momento, es probable que encuentres un injusto prejuicio en muchas personas, que asumirán que tienes responsabilidad tal vez no por la traición, pero sí por los problemas en la relación que condujeron a la traición. Esta tendencia de "culpar a la víctima" hace dos cosas por la persona que la muestra. Primero, crea una vaga esperanza de que, si ambas partes tienen culpa, la reconciliación es más probable y la unidad familiar —como piedra angular de la cultura— puede conservarse. En un tenor más personal, quienes proyectan esta actitud ingenuamente creen que los protege de la traición de sus parejas íntimas: si no cometen esos mismos "errores", estarán a salvo.

Este prejuicio cultural es una de las razones por las que dediqué tiempo y espacio en los capítulos 5 y 6 para desarrollar el valor esencial. Tu sentido de quién eres debe venir de tu capacidad para crear valor y sentido en tu vida, y no de lo que otras personas, con sus propias agendas psicológicas y culturales, piensen de ti.

Culpa y vergüenza versus compasión por uno mismo y por nuestros seres queridos

La compasión es empatía por el dolor, aflicción o vulnerabilidad de otro, con la motivación de ayudar. La autocompasión es una respuesta de empatía por tu propio dolor, aflicción o vulnerabilidad, con la motivación de sanar, reparar o mejorar. En el fondo, ambas son un simple aprecio de la fragilidad humana básica que todos compartimos. La experiencia de la compasión por alguien te hace más humano y menos aislado y, con frecuencia, sirve como un impulso a la autocompasión.

Las listas siguientes subrayan las diferencias entre culpa y vergüenza por un lado y compasión por el otro.

Culpa y vergüenza no reguladas	Compasión
Bloquean el valor esencial y obstruyen los puentes interpersonales	Recurre al valor esencial y reinstaura los puentes interpersonales.
Alimentan el enojo, el resentimiento y la depresión	Es incompatible con el enojo y el resentimiento; alivia la depresión.
Se sienten como castigo	Se siente como alivio.
Minan la energía	Genera energía.
Disminuyen el valor de uno mismo	Eleva el valor de uno mismo.
Obstaculizan la compasión	Regula la culpa y la vergüenza.
Requieren validación y absolución de los demás.	Te recompensa y valida.
Es probable que hagan sentir a la parte ofendida que simplemente te quieres sentir mejor.	Es probable que haga sentir valorada a la parte ofendida.

Tal vez observaste que he hablado de autocompasión en todos los capítulos del libro. Consiste en reconocer tu humanidad básica. Es un componente vital de tu identidad de sanación y surge directamente de tu valor esencial. La autocompasión evita que el sistema motivacional sea secuestrado por defensas habituadas contra la vulnerabilidad, como alejamiento, resentimiento y enojo. Una vez lastimado por la traición íntima, el camino al valor esencial debe pasar por la autocompasión.

Siempre debe equilibrarse con la compasión por nuestros seres queridos. En realidad van mano a mano, porque es casi imposible sostener una sin la otra. Simplemente no puedes mantener la autocompasión mientras fallas en la compasión por tus seres queridos y sólo te desgastarás si intentas ser compasivo con tus seres queridos sin suficiente autocompasión. La energía y la fuerza requeridas para apoyar de modo consistente a las personas que amas deben recuperarse a través de la autocompasión. Piensa en ello como las advertencias que hacen las aeromozas cuando muestran el uso adecuado de las máscaras de oxígeno que caen frente a tu cara cuando se descomprime la cabina. Si viajas con un niño pequeño, advierten que primero debes ponerte la máscara tú antes de ponérsela al niño. Te lo tienen que decir porque tu instinto es ponerle primero la máscara al niño. Pero, entonces, ambos pueden morir por falta de oxígeno. La autocompasión consiste en ponerte la máscara de oxígeno tú primero, lo cual hace posible ser compasivo con tus seres queridos.

Nota: Aunque es necesario experimentar compasión por las personas que amas, no es necesario interactuar con ellas si la relación es tóxica y es probable que produzca más dolor que bien. La compasión te sana, incluso cuando no mejora —o no puede mejorar— la relación con tu ser querido.

Ejercicio

En el siguiente ejercicio, mediante un esfuerzo honesto y sincero, saca a la superficie tu culpa y vergüenza escondidas. Si sientes resentimiento, enojo, ansiedad, obsesión o depresión después de una traición íntima, sin lugar a dudas tienes culpa y vergüenza ocultas que deben convertirse en autocompasión.

Copia las siguientes listas y llénalas siguiendo los ejemplos siguientes.

Nota: Intenta concentrarte en lo que eres capaz de controlar, en vez de en cómo te responden otras personas. El esfuerzo personal, más que las respuestas favorables de otras personas, es el cimiento del bienestar a largo plazo (Diener, 2009). Además, concentrarte en hacer tu mejor esfuerzo incrementa las probabilidades de tener una respuesta favorable de los demás, mientras que preocuparte por obtener cierta respuesta de otros probablemente hará que se sientan manipulados.

Transformar la culpa y la vergüenza en autocompasión y compasión por tus seres queridos

A continuación algunos ejemplos.

Culpa y vergüenza	Aplicar autocompasión	Mostrar compasión
No estuve ahí para apoyar a la gente que quiero en los meses posteriores a la traición de mi ex.	Estaba pasando por un momento muy doloroso, como millones de personas que han experimentado una traición íntima. Haré un gran esfuerzo por estar ahí para mis seres queridos en el futuro.	Organizaré una reunión o una comida para demostrarles a cada uno de los seres queridos que no he dejado de lado lo mucho que los aprecio.
Herí los sentimientos de un ser querido cuando me dijo que extrañaba a mi ex.	No estaba en contacto con mi valor esencial. Malinterpreté sus sentimientos como otra traición. Seré más cuidadoso en el futuro.	Le haré saber que sus sentimientos son importantes para mí y que no hay excusa para lo que dije ni para no haberlo tomando en cuenta.

Les mentí a mis seres queridos respecto al maltrato que sufrí en mi matrimonio.	Estaba tan avergonzado que no podía enfrentar la verdad. En el futuro, abrazaré la verdad.	Le haré saber a mis seres queridos que merecen la oportunidad de ayudarme y de ser compasivos conmigo. Seré honesto y abierto con ellos.
Cuando intentó acercarse a mí después de la traición de mi ex, ignoré las llamadas de mi padre, con quien no he hablado en años.	En esa época de vulnerabilidad, no podía permitirme pensar en los problemas que he tenido con mi padre desde hace mucho.	Aunque mi padre es una persona con muchos defectos y fue lastimado de niño, tiene algunas cualidades muy valiosas y cariñosas. No estoy listo para retomar mi relación con él, pero aprecio los gestos de amor que ha tenido.

Al llenar las listas, probablemente sentiste una sensación de empoderamiento en tu capacidad de convertir la culpa y la vergüenza en autocompasión y compasión hacia tus seres queridos. Cuanto más practicas esta conversión, más fácil resulta.

Culpa y vergüenza racionales

La mayor parte de la culpa y la vergüenza que experimentas respecto a la traición que viviste son artefactos irracionales de los primeros días de evolución de la especie, cuando preservar los lazos de apego era necesario para sobrevivir. Sin embargo, también tendrás algo de culpa y vergüenza racionales respecto a los errores humanos que cometiste y por las fallas personales como las que todo mundo comete a veces en las relaciones íntimas. Si los ignoras, les buscas explicación o los justificas, esos sentimientos impedirán la sanación y el crecimiento.

Como con todas las emociones, la culpa y la vergüenza pierden su poder motivacional cuando nos enfocamos demasiado en cómo se sienten y no lo suficiente en lo que nos dicen. Enfocarse en los sentimientos, en vez de actuar con base en las motivaciones para conectar, probablemente te hará buscar una salida rápida para adormecer temporalmente el dolor (a través de la culpa, el enojo o el alcohol) o distraerte a través de comportamientos compulsivos (como trabajar todo el tiempo) u obsesiones (pensar interminablemente en algo más). Las salidas rápidas de la culpa y la vergüenza por lo general conducen a más fracaso y violación de valores, lo cual produce aún más culpa y vergüenza. Aunque en materiales de autoayuda dicen todo el tiempo que simplemente debes "dejar ir" la culpa y la vergüenza (y el resentimiento que ocasionan), el hecho es que *no* las puedes dejar ir por mucho tiempo. De manera inevitable, regresan, por lo general antes de que te des cuenta. Eso se debe a que la culpa y la vergüenza son motivaciones para conectar con los seres queridos; volverán a salir a la superficie hasta que actúes con base en la motivación de conectar. Sin embargo, si todas tus relaciones amorosas son de maltrato o de conflicto, o simplemente no plantean una mejoría significativa, puedes sustituir de manera eficaz las conexiones comunales o espirituales para reducir la culpa y la vergüenza y aumentar tu valor esencial.

Ejercicio: Culpa racional

Divide una hoja en tres columnas. En la parte superior de la primera escribe: "Cosas que lamento hacer o no hacer." Luego llena la columna con todas las cosas que lamentas. (Nota: No expliques ni justifiques el comportamiento que lamentas, eso sólo te hará enojar más y empeorará la culpa y la vergüenza.)

En la parte superior de la segunda columna escribe: "Autocompasión por el dolor o la vulnerabilidad que experimenté antes de hacer lo que lamento" y llénala. Y en la parte superior de la tercera escribe: "Lo que puedo hacer ahora para honrar mis valores (y sentirme auténtico)" y llena también esa columna.

Aquí tienes un ejemplo:

Cosas que lamento hacer o no hacer	Autocompasión por el dolor o vulnerabilidad que experimenté antes de hacer lo que lamento	Lo que puedo hacer ahora para honrar mis valores (y sentirme auténtico)
Lamento haber ignorado a mi esposa y haberla hecho sentirse sola en nuestro matrimonio. Eso no justifica su amorío ni que haya abandonado a nuestra familia, pero mi comportamiento fue una violación de mi valor esencial.	No supe cómo resolver el miedo que sentía de perderla cada vez que nos acercábamos y, por tanto, me distancié de ella. No volveré a cometer ese error.	Haré un esfuerzo por conectarme con las personas que actualmente son importantes en mi vida; llamaré por teléfono a mi madre todas las semanas, me aseguraré de que mis hijos sepan que estoy ahí para apoyarlos, les escribiré una nota de agradecimiento a los amigos que me han apoyado, fortaleceré las conexiones con mi comunidad y renovaré mi vida espiritual.

Lamento haber sido crítico y haber tenido una actitud a la defensiva en mi matrimonio.

Me he sentido criticado por los demás toda mi vida y, para cuando me casé, me había vuelto muy susceptible a la retroalimentación. Sé que puedo dar y recibir retroalimentación de mis seres queridos sin ser crítico ni ponerme a la defensiva.

Haré un esfuerzo por mantenerme conectado cuando mis seres queridos me digan algo que no me gusta, entendiendo que podemos llegar a un acuerdo sólo si estamos conectados. De manera respetuosa, solicitaré ciertos comportamientos, asegurándome de que todos estamos de acuerdo en que las solicitudes son justas.

Lee cada columna en voz alta. Escuchar tu voz pronunciando las palabras le quitará mucha fuerza a los pensamientos negativos y te concentrará en su motivación para sanar y mejorar. Leer en voz alta tu regulación (cómo actuarás con base en la motivación de la culpa y la vergüenza para honrar tus valores más profundos) reforzará la asociación de los sentimientos negativos con los compartimentos benéficos que los alivian.

El objetivo del ejercicio anterior es crear el hábito de hacer algo para honrar tus valores más profundos cada que experimentas culpa o vergüenza. Está bien, es un buen consejo, pero la culpa y la vergüenza por lo general están ocultas por el resentimiento o el enojo, así que ¿cómo se supone que debes saber cuándo están presentes? El siguiente ejercicio demuestra cómo descubrir la culpa y la vergüenza que por lo general se encuentran bajo el enojo y el resentimiento.

Ejercicio: Regulación de enojo y resentimiento

En una hoja, describe brevemente un acontecimiento de tu pasado reciente que haya detonado en ti enojo o resentimiento, Por ejemplo: "Mi exesposa volvió a implicar que me dejó por otro hombre porque yo era un mal amante." Luego responde las siguientes preguntas:

Estoy enojado, pero ¿de qué más me siento culpable? Ejemplo: "Yo digo lo mismo de ella."

Me siento resentido, ¿pero de qué más me siento avergonzado? Ejemplo: "Varias veces me sentí un mal amante durante nuestro matrimonio."

¿Qué haré para mejorar, apreciar, conectar o proteger? Ejemplo: "En relaciones futuras, abriré mi corazón a la verdadera intimidad. Si surgen problemas, incluso sexuales, los hablaré con mi pareja, desde mi valor esencial, en formas compasivas y respetuosas."

Espero que con el ejercicio anterior te des cuenta de que regular la culpa y la vergüenza escondidas bajo el enojo y el resentimiento te empodera para sanar y crecer. (No regular la culpa y la vergüenza escondidas te mantiene atorado en un molino de resentimiento impotente.) La sanación, el crecimiento y empoderamiento son inevitables cuando actúas consistentemente a partir de estados de valor esencial, pero no siempre vienen con rapidez. La autocompasión proporcionará la paciencia necesaria para producir un cambio permanente. Cuando por fin te sientas empoderado, sin importar cuánto tarde, te darás cuenta de que la mayor parte del enojo y el resentimiento que experimentas ahora se habrá vuelto completamente innecesario para una vida segura, maravillosa y significativa.

Resumen

La mayor parte de la culpa y la vergüenza que siguen a la traición íntima son irracionales. Esto se debe más a viejas leyes de apego que a cualquier cosa que hayas hecho o cualquier fracaso que hayas percibido. La culpa y la vergüenza en las relaciones amorosas siempre nos indica que debemos conectarnos (amar mejor), aunque no necesariamente con la persona que te traicionó. La autocompasión es el camino natural hacia el valor esencial, la sanación y el crecimiento.

9. Cómo superar el resentimiento y el peligro de confiar

Este capítulo describe el estado emocional más persistente que experimentarás después de la traición íntima. Muestra cómo romper el ciclo de estar atorado en el resentimiento recurrente, que te hará sentir que nada puedes hacer para mejorar tu vida. El capítulo termina con varias maneras de remplazar la función primaria del resentimiento después de la traición íntima: protegerte del peligro de confiar.

Forma y función

El resentimiento deriva del enojo innato, aunque se presenta más avanzada la niñez, pues los niños desarrollan un fuerte sentido de justicia. La percepción de que hay una injusticia es inherente al resentimiento: no obtienes la ayuda, el aprecio, la consideración, el afecto, la recompensa o el reconocimiento que mereces.

El resentimiento comparte las características fisiológicas del enojo, pero es menos intenso y de mayor duración; en otras palabras, ocupa niveles más bajos de excitación pero dura mucho, mucho más. Mientras que el enojo (cuando se dirige a otros) es un ejercicio de poder agresivo para que alguien se repliegue o someta a lo que quieres (ya sea en la realidad o en tu imaginación, el resentimiento es una forma defensiva de devaluar y arremeter mentalmente contra quienes percibes que te tratan injustamente).

Otra diferencia entre el resentimiento y el enojo es que este último se detona a través de estímulos específicos: tú me insultaste (o pensé que lo hiciste), así es que me enojé. El enojo desaparece pronto después de que el estímulo se atenúa: te disculpaste o me olvidé del asunto o elegí ignorarlo. En franco contraste, el resentimiento nunca es específico y pocas veces desaparece. Es una defensa generalizada contra las relaciones o ambientes injustos, no sólo contra ciertos comportamientos. De ahí que el resentimiento persista a pesar de los cambios en el comportamiento que lo estimularon. Incluso si te disculpas, yo resentiré que no lo hiciste antes o que no fuiste lo bastante sincero, porque estoy muy seguro de que lo volverás a hacer en el marco de esta relación o ambiente injusto. Mientras el enojo es una herramienta para apagar fuegos, el resentimiento es más como una alarma de incendios que siempre está encendida, sólo en caso de que se prenda una chispa. Otras personas podrían pensar que tu resentimiento tiene que ver con el pasado y podrían instarte a que lo "dejes ir". Sin embargo, el resentimiento tiene que ver con el futuro. Después de una traición íntima, parece protegerte del peligro de volver a confiar.

La experiencia del resentimiento: más que un sentimiento

Es difícil describir el resentimiento, pues se genera bajo el radar. Cuando te das cuenta de que estás resentido, se halla en una etapa muy avanzada. A menudo las personas dan descripciones vagas como "me siento amargado" o "estoy irritable". Si les preguntas cómo se sienten, es probable que hablen de que otras personas las engañaron, les mintieron, las manipularon o maltrataron. Al mismo tiempo, describirán a otras personas resentidas como gente que "lleva un peso sobre sus hombros".

La experiencia del resentimiento es difícil de identificar porque en realidad es más un estado de ánimo que un sentimiento específico. Las emociones se presentan como olas que suben y bajan, por lo general en cuestión de minutos, mientras los estados de ánimo son como un flujo estable bajo la superficie de la conciencia, siempre ahí, pero pocas veces perceptibles si no se reflexiona cuidadosamente. Ésta es una distinción importante, porque tendemos a lidiar con el resentimiento al tratar de cambiar cómo nos sentimos, cuando el problema es el estado de ánimo que incluye esos sentimientos. Un cambio hace poco por alterar los estados de ánimo. Por ejemplo, si tu estado de ánimo subyacente es positivo, es más probable que sientas algo como interés, gozo, compasión o amor. Esas emociones motivan comportamientos de atención, alegría, romance, apoyo, cooperación, análisis o creatividad. Con este tipo de refuerzo conductual, no es probable que unos cuantos sentimientos negativos aquí y allá, ocasionados por decepción, pérdida o incluso pensamientos pasajeros de traición, alteren tu estado de ánimo. Por eso, cuando estás de buen humor, las cosas que normalmente te lastiman u ofenden se te resbalan. Sin embargo, si tu estado de ánimo subyacente es resentimiento, es más probable que ocasione olas visibles de enojo, ansiedad, celos o envidia, que motivan un comportamiento controlador, dominante, impulsivo, posesivo, de confrontación, venganza, alejamiento o rechazo. Con este tipo de refuerzo conductual, unos cuantos sentimientos positivos aquí y allá no lograrán alterar tu estado de ánimo. Por esas razones "definir tus sentimientos" (algo que generalmente aconsejan los materiales de autoayuda) no aliviará el resentimiento por mucho tiempo. Pero remplazar su función de defensa con protecciones más viables, orientadas al crecimiento, como las que se describen en este capítulo, hará que el resentimiento y el daño que ocasiona sean meras reliquias del pasado.

El resentimiento como desconfianza

El resentimiento tiene un fuerte componente de autocastigo. Aunque por lo general se ve oscurecido por la inclinación a devaluar a las personas que lo provocan, su naturaleza punitiva se revela en sentimientos como: ¿Por qué confié en ella?, ¡Sabía que él me iba a decepcionar!, ¿Cómo pude ser tan estúpida de volverle a creer?

El falso atractivo del autocastigo es que parece mantenernos a salvo de futuras heridas y decepciones. Si te enojas lo suficiente contigo mismo (y te castigas a ti mismo lo suficiente) quizá no seas "tan estúpido" como para confiar otra vez en esa persona, o en alguien como ella. Esta ilusión de protección del dolor es la "gran mentira" del resentimiento. De hecho, te lastiman mucho más seguido cuando eres resentido, por la sencilla razón de que las personas reaccionan a lo que ven. Y el resentimiento se *ve* muy diferente desde afuera a como se *siente* desde dentro. Para apreciar este punto importante del resentimiento, intenta realizar la prueba del espejo.

En algún momento en que estés solo, mírate en el espejo por lo menos treinta segundos antes de comenzar la prueba. (Tendemos a posar frente al espejo más que vernos con naturalidad, pero es difícil mantener una pose por más de treinta segundos.) Comienza la prueba pensando en la traición que recibiste. Mientras tanto, notarás que tu frecuencia cardiaca aumenta un poco, tu cuello se endurece y tus hombros y mandíbula se ponen rígidos. Probablemente mirarás hacia abajo y apartarás la vista del espejo mientras piensas en la injusta forma en que te trataron. Pero intenta aferrarte a esos pensamientos y oblígate a volver a ver en el espejo. Cuando lo hagas, verás lo que el mundo ve. En tu interior te sientes maltratado, victimizado, herido y vulnerable. En el exterior, te ves poco amigable en el mejor de los casos o, en el peor, un poco malvado. Es probable detonar reacciones negativas de los demás, sin que tengas la culpa. Si sientes que otras personas no te entienden, probablemente el resentimiento no permite que tu verdadero yo aflore.

Cadenas de resentimiento

Nadie resiente sólo una cosa. Las que resientes tienden a conectarse entre sí como los eslabones de una cadena. El resentimiento respecto a la falta de honestidad de tu pareja se vinculará con otros aspectos, como a que era desordenado o tenía compulsión por la limpieza, lo cual, a su vez, se relaciona con que era impuntual, descuidado, su "obsesión con el sexo" o su "frialdad sexual", lo que consideres injusto. Las relaciones que sufren traición por lo general muestran una cadena de resentimiento que se extiende muchos años atrás de la traición. (Nunca he visto un caso en que los dos miembros de la pareja sintieran que las cargas y las recompensas de la relación estaban distribuidas de manera justa antes de la traición.) Una vez que sucede, es probable que la cadena de resentimiento se entrelace por sí sola; es decir, los dos comienzan a buscar cosas que resentir. La lógica parece ser que es menos probable que el dolor y la decepción los sorprenda mientras carguen todo lo que han sufrido, como constantes recordatorios de estar atentos.

A medida que los resentimientos se vinculan unos con otros para formar una larga cadena, se vuelve difícil diferenciar las cosas triviales de las serias; cuando tomas un eslabón, sostienes el peso de toda la cadena. En consecuencia, parece que los asuntos menores tienen el mismo peso y vitalidad que los importantes. Esta confusión ocasiona el tipo de reacciones desmedidas que se describen en la sección de reactividad emocional del capítulo 1. Una larga cadena de resentimiento se encuentra bajo la mayoría de los estallidos de ira.

Las cadenas de resentimiento afectan la concentración, disminuyen las habilidades motrices finas y el desempeño general. No trabajarás tan bien ni conducirás tu auto con tanta seguridad si tienes resentimiento crónico.

El riesgo para la salud

Tal vez hayas leído estudios médicos que demuestran que el enojo tiene muchos efectos peligrosos para la salud. La descripción común es la "emoción de ataque cardiaco" y el "asesino no tan silencioso". Los titulares por lo general no te dicen que no es cualquier enojo el que ocasiona el daño, es un tipo específico de enojo "hostil" que dura un tiempo largo. El enojo hostil tiene un motor de represalia, es decir, fantaseas con humillar a alguien o vengarte por la herida que percibes que te ocasionó. La mayor parte del enojo, como el detonado por ruidos abruptos, irritaciones comunes, frustraciones o acontecimientos desagradables, no es hostil. El daño a tu salud es producto no del enojo común y corriente, sino del resentimiento, con su impulso de represalia. (Cuando te sientes resentido, a menudo piensas en el mal que te han hecho y en cómo debería ser devaluada la persona que te ofendió.) El otro factor que hace que el enojo sea tan dañino para la salud es su duración. El enojo que dura más de unos minutos ocasiona más daño a la salud que el enojo frecuente o intenso. Una vez más, el culpable no es simplemente el enojo, que da paso en poco tiempo al agotamiento. Es el resentimiento, que puede durar días, semanas o incluso años.

Es probable que el resentimiento haga que tu presión sanguínea esté más alta de lo normal. El resentimiento crónico al final puede ocasionar daños a los vasos sanguíneos del corazón y el cerebro. Constriñe las terminales nerviosas de tus músculos, lo cual puede provocar dolor de espalda y muscular. Sentir resentimiento durante mucho tiempo puede ocasionar:

♥ Destrucción de las células T, disminuyendo el sistema inmunológico (si tienes resentimiento probablemente sufres muchos pequeños dolores y te dan frecuentes gripes, resfriados, dolores de cabeza, musculares, de estómago o problemas gastrointestinales).
♥ Hipertensión, la cual incrementa la amenaza de padecer infartos y ataques cardiacos.
♥ Problemas cardiacos.
♥ Cáncer.
♥ Adicciones.
♥ Depresión.
♥ Una esperanza de vida más corta.

El carácter crónico del resentimiento consume enormes cantidades de energía que normalmente invertirías en algo que te interesa o disfrutas. A medida que comiences a adoptar las defensas del valor esencial descritas en este libro, con toda seguridad tendrás más interés y disfrute en tu vida.

Las defensas del valor esencial

Por fortuna, hay maneras mucho más saludables y funcionales de protegerte del dolor que el resentimiento. Los siguientes candidatos provienen directamente de estados de valor esencial:

- ♥ Autocompasión
- ♥ Compasión por tus seres queridos
- ♥ Asertividad compasiva
- ♥ Perdonarte a ti mismo
- ♥ Convicción

Autocompasión

Después de la traición íntima, el camino más seguro al valor esencial es a través de la autocompasión, como se describió en el anterior capítulo. La autocompasión es incompatible con el resentimiento dado que se enfoca en sanar y no en devaluar. Sin embargo, no es tan fuerte como éste, que tiene efectos energizantes provenientes de las hormonas epinefrina y cortisol, que te hacen sentir más poderoso, aunque sólo por un rato. Irónicamente, el resentimiento persiste por la ilusión hormonal de que lo necesitamos para sentirnos seguros, lo cual nos ayuda a reconocer nuestra humanidad básica, así como nuestra resistencia y fortalezas, y nos permite enfocarnos en sanar, mejorar y crecer.

Desalojar el resentimiento con autocompasión

Debido a los refuerzos hormonales del resentimiento, se requerirán esfuerzo y práctica decididos para remplazarlo con autocompasión como defensa principal contra futuras heridas. El objetivo del ejercicio siguiente es doble. Primero, condicionar que automáticamente suceda una respuesta de valor esencial cuando se presenta el resentimiento. Segundo, debería remplazar la indefensión del resentimiento con una sensación de empoderamiento que te haga sentir mejor.

Para comenzar tu práctica, elabora una lista exhaustiva de todo (grande, pequeño, serio y trivial) lo que te ocasiona resentimiento hacia la persona que te traicionó. Esto incluye todo, desde haberte mentido (maltratado, engañado, robado…) hasta dejar los trastes sucios en la cocina o tirar la ropa junto al cesto y no dentro. (Es necesario incluir elementos triviales en tu lista porque el peso de la cadena de resentimiento hace que parezcan demasiado importantes; cuando una cadena está activa, nada es insignificante.) Después de compilar tu lista, grábate recitándola y escúchala. La objetividad que obtendrás así debería quitarle peso a los elementos menores que no son tan malos cuando los aíslas de otros eslabones de la cadena. Así, te quedarás con los elementos más serios, que puedes procesar con el siguiente ejercicio.

Nota: Si deseas reparar la relación con la persona que te traicionó, la mayor parte de los elementos que proceses a continuación requerirán negociación. En la parte IV, agregaré un paso de negociación a este ejercicio.

Ejercicio sobre autocompasión de protección

Enlista la mayor cantidad de cosas que puedas recordar por las que te sientes resentido con tu pareja. Ejemplo: "No quiso ir a te-

rapia de pareja para tratar nuestros problemas antes del amorío."
Deja espacio para escribir entre cada elemento de la lista.

Luego, bajo cada elemento, *describe cómo accederás a tu valor esencial*. Ejemplo: "Evocaré mi banco de valor esencial; me enfocaré en generar valor y aprecio en mi vida diaria; aprenderé, haré ejercicio, cuidaré mi salud, me conectaré con las personas que quiero, perdonaré, aprenderé de mis errores y haré conexiones familiares, comunitarias o espirituales."

Lee en voz alta cuáles son tus resentimientos, junto con tus estrategias para restaurar el valor esencial. No puedes invertir demasiado esfuerzo en asociar el dolor y la vulnerabilidad con comportamientos motivados por tu valor esencial; si se presentan, de manera automática se evocarán estos últimos. Al final, el resultado será un reflejo automático de mejorar, apreciar, proteger o conectar cuando te sientas lastimado.

De qué manera te protege tu compasión por ti y por los demás

La compasión es simplemente la mejor defensa psicológica que puedes tener, por mucho superior a las alternativas más comunes: resentimiento, alejamiento, distracción o agresión. La compasión genuina impide heridas futuras por lo siguiente:

- ♥ Restaurar el valor esencial, que disminuye que otras personas puedan hacerte sentir inadecuado o indigno de amor.
- ♥ Estimular el enojo en otros, lo que hace que las defensas destructivas u hostiles sean menos necesarias.
- ♥ Ofrece una protección superior al dolor de la confianza traicionada.

La compasión nunca excusa el mal comportamiento. De hecho, no tiene nada que ver con comportamiento. Compasión significa "sufrir con". Se enfoca en el dolor y en la fragilidad humana que hacen que la gente se porte mal, al tiempo que reconoce que la continuación del comportamiento malo o irresponsable las lastimará aún más. Por ejemplo, lo peor que puedes hacer por una persona maltratadora es disculpar o tolerar el maltrato, porque hacerlo conducirá a que se enorgullezca de la violación continua de sus valores más profundos. Tampoco es compasivo permitir que los niños se comporten de manera irresponsable, por temor de que aprendan lo cruel que es el mundo para los irresponsables.

Nadie ha salido lastimado por compasión, aunque muchas personas sí como resultado de una confianza imprudente. La compasión reduce las probabilidades de esta confianza dado que proporciona una comprensión más profunda del peligro que representan las personas incapaces de regular su dolor sin lastimar a los demás.

Mi ejemplo principal de cómo la compasión protege de la confianza imprudente viene de un lugar mucho más extremo que la traición íntima. Hace muchos años, inicié un grupo para regular el enojo con prisioneros convictos por múltiples crímenes. (Mi hipótesis, que enseñar a criminales violentos a desarrollar un sentido de valor esencial a través de la autocompasión y la compasión hacia los demás reduciría el crimen, no logró precisamente mucho apoyo gubernamental. Sólo nos dejaron probarlo con quienes nunca volverían a salir libres.) Estando en cadena perpetua, esos pobres prisioneros no tenían ningún incentivo para contener la violencia contra otros prisioneros. Como dijo uno de ellos: "Pues que me den otra sentencia de por vida. Saldré en el siglo XXIII en lugar de en el XXII."

Los asesinos múltiples tienden a estar en el sistema por mucho tiempo, por lo general desde niños. Sus expedientes parecen ladrillos. Mientras leía página tras página de reportes de servicio social que documentaban las cosas terribles que les habían sucedido a esos hombres cuando eran niños inocentes, no pude sino desarrollar una profunda compasión por su incalculable sufrimiento. Para mi sorpresa, la compasión me ayudó a entender que el nivel de sus heridas era demasiado grande. El tratamiento les ayudó a estar bien en los confines de la prisión (el entrenamiento redujo de manera significativa su violencia), pero en el mundo exterior, complejo y lleno de estrés, era probable que regresaran a su forma principal de empoderarse: lastimar a los demás.

La compasión revela en quién puedes confiar al permitirte mirar más a fondo en el corazón de las personas para ver cómo se empoderan contra el dolor y la vulnerabilidad, al crear y construir o al dañar y destruir, al honrar sus valores más profundos o a través de la traición, la infidelidad o el abuso.

Asertividad compasiva

La asertividad compasiva consiste en defender tus valores, derechos y preferencias en formas que honren los valores, derechos y preferencias de otros. Al ser un equilibrio entre la autocompasión y la compasión hacia los demás, la asertividad compasiva alivia mucho del miedo a la compasión que de manera natural viene después de la traición íntima, el miedo a ser manipulado o a que se aprovechen de ti o que te vuelvan a traicionar.

Aunque no impedirá la traición en relaciones futuras, la asertividad compasiva disminuirá el resentimiento básico que tan a menudo justifica el comportamiento deshonesto en la mente de la persona que comete la traición. En otras palabras, hará que la traición sea más difícil de cometer.

Tilda vino a verme después de que su esposo, Martin, la engañó. Una vez terminado el trabajo de recuperación fundamental (crear una identidad de sanación y usar la autocompasión como un estímulo para tener comportamientos de valor esencial), estuvo lista para practicar la asertividad compasiva. Usamos una disputa con Martin, que comenzó años antes de su amorío. Tilda siempre había pensado que era demasiado crítico con sus hijos, en especial con uno. Su historia era pelear al respecto desde un punto de vista de la paternidad clásica. Martin estaba convencido de que Tilda era demasiado permisiva, mientras ella estaba segura de que Martin era demasiado estricto. En el siguiente ejercicio, usé una paráfrasis de las respuestas de Tilda como ejemplos.

Ejercicio: Asertividad compasiva

Nota: El objetivo de usar acontecimientos previos a la traición no es alimentar el arrepentimiento ni generar culpa. La intención es crear esperanza de un mejor futuro al remplazar la función defensiva del resentimiento con asertividad compasiva.

En una hoja *describe algo que te cause resentimiento respecto a la pareja que te traicionó, de preferencia un patrón de comportamiento antes de la traición.* Ejemplo: "Constantemente criticaba a nuestros hijos y afectaba su autoestima."

Describe cómo debiste manejar el incidente con asertividad compasiva. Ejemplo: "Pude haberle dicho a mi pareja que sé que quiere mucho a nuestros hijos y desea lo mejor para ellos, sólo que tanta crítica es dañina y poco efectiva como disciplina, pues siguen actuando igual. Pude haber sugerido que los disciplináramos en formas que apoyaran su desarrollo social y educativo."

Repite esta práctica con muchos ejemplos distintos de cosas que te ocasionan resentimiento y de formas en las que hubieras manejado esas cosas con asertividad compasiva.

Observa que, en su ejercicio, Tilda honró los valores más profundos de Martin, dándose la mejor oportunidad de hacer que él viera las cosas desde su perspectiva. Si la pareja hubiera sido capaz de poner en práctica la asertividad compasiva, su disputa habría alcanzado una negociación sobre simples elecciones de comportamiento, en vez de llegar a una disputa recurrente y generadora de resentimiento sobre cuáles preferencias prevalecerían. Sin asertividad compasiva, cada uno escuchaba que el otro decía: "Eres un mal padre", un regaño que oscurecía todos los "hechos" que pudieran llevar a la discusión.

Si Tilda y Martin hubieran practicado la asertividad compasiva, una bandera roja de traición potencial se habría revelado antes de que su relación quedara tan dañada. Martin era especialmente crítico con su hijo, que le recordaba mucho a sí mismo, pues compartían muchos rasgos de personalidad, incluyendo la necedad y la impulsividad. (Tendemos a ser muy intolerantes con nuestros seres queridos que muestran características o comportamientos que no nos gustan de nosotros mismos.) En vez de regular su vulnerabilidad a través de un comportamiento de valor esencial, como fortalecer las relaciones con su hijo y ayudarlo a controlar su impulsividad, Martin eligió criticarlo y devaluarlo. Por supuesto, este enfoque hizo que tanto el padre como el hijo se sintieran más fuera de lugar y más indignos de amor. También elevó las probabilidades de que Martin buscara algún tipo de escape de adrenalina, como un amorío. Mientras el resentimiento enmascara las vulnerabilidades que conducen a una traición, la asertividad compasiva las revela antes de que dañen la relación.

Hacer el ejercicio anterior con las disputas relacionadas con la traición es una puerta para usar la habilidad en relaciones presentes y futuras. La fórmula es simple: honrar los valores, derechos y preferencias de otros mientras afirmas los tuyos, y así es más probable que ellos honren los tuyos. Por supuesto, la asertividad compasiva no te garantizará una respuesta positiva, pero siempre fortalecerás tu valor esencial cuando la pongas en práctica. Y, además, también harás que sea más difícil que los demás respondan de manera negativa.

Perdonarte a ti mismo

Es probable que estés pensando: "¿Por qué tengo que perdonarme a mí misma? *¡Él* me traicionó *a mí!*" Por injusto que parezca, debes perdonarte para:

- ♥ Superar el enojo y la autorrecriminación del resentimiento.
- ♥ Incrementar tu valor en ti mismo, que de manera automática motivará tu comportamiento para tu bien a largo plazo.
- ♥ Proporcionar una defensa más efectiva contra el dolor (eres más fuerte cuando te perdonas que cuando te castigas).

La siguiente pregunta obvia es: ¿De qué me estoy perdonando? ¿Qué hice? Ésta es más engañosa. Tú *no* hiciste nada que deba ser perdonado. Sin embargo, la traición nos aleja de nuestro valor esencial y nos hace sentir inadecuados o indignos de amor. Perdonarse devuelve el poder para determinar nuestro bienestar al evocar el valor esencial y el deseo de sanar, mejorar y crecer. Por raro que pudiera sonar, perdonarte por sentirte inadecuado e indigno de amor te vuelve adecuado y digno de amor. Realiza el siguiente ejercicio para ver si te funciona de ese modo.

Ejercicio de perdón a uno mismo: Recupera tu poder

Copia la siguiente declaración en una hoja: "Yo perdono"... "yo sé". Para cada uno de los ocho elementos de la lista de resentimiento que hiciste antes, proporciona un par de resentimiento/valor en uno mismo para demostrar que te perdonas. Ejemplo:

> Me perdono por perder de vista mi valor esencial y por sentirme inadecuado o indigno de amor cuando mi pareja... (elemento 1 resentimiento: haber rechazado mi deseo de ir a terapia de pareja antes de la traición).
>
> Sé que soy una persona amorosa y digna de amor porque soy cariñoso y compasivo. Muestro mi cariño y compasión al... (elemento 1 valor en uno mismo: ir a terapia yo.)

Ahora lee en voz alta tus declaraciones de perdón y siente el poder en tu voz. Repetir este ejercicio, con todos los elementos de tu lista de resentimiento, condicionará la presencia del perdón a ti mismo cada vez que empieces a sentir resentimiento en el futuro.

Convicción

La convicción es la firme creencia de que un comportamiento es adecuado, moral y consistente con tus valores más profundos. Como el resentimiento, la convicción proporciona una sensación de seguridad sobre aquello en lo que creemos y hacemos. La diferencia es que la relativa seguridad de la convicción probablemente persistirá en todos los estados de ánimo, mientras la duda en uno mismo regresa en cuanto se desvanece la intensidad del resentimiento.

La mejor forma de saber que actúas con convicción y no con resentimiento es establecer *por qué* tu comportamiento es correcto, moral y consistente con tus valores más profundos. Si tu respuesta tiene convicción, representará tus valores más profundos. Si tiene resentimiento, devaluará a alguien más. Por ejemplo, Terry supo que era correcto tomar a sus hijos y dejar a su esposa alcohólica, que los dañaba emocionalmente. Él siguió viéndola con compasión y apoyándola lo mejor que pudo, pero tuvo que poner en primer lugar el bienestar de sus hijos.

Sin embargo, el camino a la convicción no fue fácil para Terry, quien arrastró una larga cadena de resentimiento a su primer día de tratamiento. Desde los primeros quince minutos fue claro que estaba atado a lo que llamo "péndulo de dolor". El resentimiento lo alejaba de su esposa, hasta que la distancia entre ellos aumentó al punto crítico de la separación. Luego, como un mecanismo de relojería, la vergüenza de lo que consideraba su fracaso como marido y la culpa por lo que le podría suceder a su esposa si la dejaba lo llevaban de vuelta a su lado. Este péndulo constante entre casi irse en un extremo y no reconectarse del todo en el otro funcionó por casi siete años antes de conocernos. Lo que finalmente le dio la fuerza necesaria para llevarse a los niños fue su gran esfuerzo para desarrollar valor esencial y convicción en el tratamiento. Al final, su acción firme motivó a su esposa a buscar ayuda profesional para resolver su problema con el alcohol. Después de algunas recaídas (típicas en el tratamiento de adicciones) ella logró mantenerse sobria y la familia se volvió a unir.

Cuando actúas con convicción, puedes sentirte decepcionado o triste por el resultado de comportamientos o negociaciones específicos, pero será mucho menos probable que lamentes tu comportamiento, como sucede casi siempre cuando actúas con resentimiento. Terry se habría sentido triste si su esposa no hubiera superado su problema de alcoholismo cuando él se fue, pero no habría lamentado irse para proteger a sus hijos. Por otra parte, si se hubiera ido por resentimiento, habría devaluado a su esposa, lo cual haría la separación más difícil para sus hijos, además de reforzar sus defensas de inadaptación. En otras palabras, habría estado lleno de emociones negativas que, al final, se convertirían en arrepentimiento.

"A favor" versus "En contra"

Una característica importante de la convicción es que es *a favor* de algo, como el bienestar de los seres queridos, justicia, trato justo o igualdad, mientras el resentimiento está *en contra* de algo, como el maltrato de los seres queridos o la injusticia. La distinción puede parecer sutil, pero es crucial para sanar y crecer. Quienes odian la injusticia quieren retribución y triunfo, no justicia. Fantasean con el castigo de sus oponentes injustos, que producen un desprecio "justificable". Si Terry hubiera dejado a su esposa por resentimiento, es casi seguro que hubiera desarrollado desprecio hacia ella y cubierto su culpa con fantasías de castigo: "¡Obtuvo su merecido!" Esto habría lastimado a sus hijos y alejado su valor esencial.

Estar *a favor* de algo crea sentimientos positivos de interés, pasión o alegría, que tienden a mejorar la salud y las relaciones. Estar *en contra* de algo fomenta sentimientos ne-

9. Cómo superar el resentimiento • 153

gativos de enojo, desprecio, envidia o disgusto, que tienen efectos dañinos en la salud y las relaciones.

Ejercicio: Convicción

El objetivo de este ejercicio es desarrollar el hábito de actuar con convicción en todos los asuntos importantes para ti. Aunque recurre a decisiones y comportamientos pasados, tiene menos que ver con compensar errores que con actuar con convicción ahora y en el futuro.

En una hoja *describe una decisión tomada o algo realizado después de la traición que te resultó problemático*. Ejemplo: "Decidí no tener contacto con mis suegros."

Describe por qué tu decisión fue correcta, moral y consistente con tus valores más profundos. Ejemplo: "De manera natural, mis suegros se inclinan hacia su hijo y me insisten injustamente que vuelva con él cuando yo sé que la relación es nociva para los dos. Con el tiempo, cuando acepten mi decisión, quizá reestablezca el contacto con ellos."

Relee en voz alta lo que escribiste para reforzar tu sentido de convicción. Bajo el estrés extremo de la traición, hasta cierto punto, todos podemos violar nuestros valores más profundos. Es probable que después de la traición tomaste decisiones que no consideras adecuadas, morales o consistentes con tus problemas más profundos. Para esos incidentes, usa el ejercicio siguiente para desarrollar tu sentido de convicción.

Describe una decisión o algo hecho después de la traición de lo que ahora claramente te arrepientes. Ejemplo: "Decidí no tener contacto con mis suegros."

Describe por qué tu decisión fue correcta, moral y consistente con tus valores más profundos y qué acciones correctivas podrías llevar a cabo. Ejemplo: "Me sentí muy lastimada y actué según el impulso de lastimar a mi ex al rechazar a sus padres. Mis suegros fueron víctimas inocentes y ya no seguiré negándoles que vean a sus nietos."

La convicción reduce la culpa y la vergüenza escondidas porque alinean nuestro comportamiento con valores más profundos.

Si eres incapaz de corregir tus acciones, usa los ejercicios del capítulo 8 sobre cómo convertir la culpa y la vergüenza en autocompasión. La culpa y la vergüenza te mantienen encerrado en el pasado, mientras la autocompasión evoca tu valor esencial en el presente. La convicción basada en tus valores más profundos se enfoca en el presente y en el futuro: "Ahora estoy haciendo lo que creo profundamente que es lo correcto, porque honra mis valores más profundos de la siguiente manera..." y "¡*haré* lo que en el fondo considero correcto!".

Convicción y confianza

Cuando eres fiel a tus valores más profundos, sean cuales sean, es más fácil determinar cuándo otras personas son fieles a los suyos. Por ejemplo, si valoras la intimidad, entenderás que requiere expresiones de vulnerabilidad y debilidad, así como fuerza y resistencia. Requiere un equilibrio de compasión con autocompasión. Aprovecha la mejora de uno mismo a través del desinterés ocasional. Con convicción, harás esas cosas porque te parece correcto, no para que tu pareja te ame o haga algo por ti. Con convicción, serás sincero y tendrás pocas probabilidades de parecer manipulador, es decir, de hacer algo sólo para obtener algo. Luego puedes discernir mejor si tu pareja está actuando por convicción o por manipulación o si sólo intenta evitar sentirse manipulado. En resumen, tendrás una mejor idea de en quién confiar. Aunque no está libre de errores, la convicción tiende a generar más convicción y a exponer la falta de confiabilidad.

Ejercicio: La convicción como protección

El siguiente ejercicio contrasta la convicción con el resentimiento como protecciones de heridas futuras.

En una hoja *describe brevemente algo que te haga sentir resentimiento.* Ejemplo: "Mi egoísta exesposo se aprovechó de mi confianza y compasión con sus constantes mentiras y manipulaciones."

Explica de qué manera el resentimiento que describiste antes te protege del peligro o de confiar en alguien. Ejemplo: "Sé que no puedo confiar en cualquier hombre que parezca agradable y atento en un inicio."

Explica de qué manera la convicción te puede proteger en el futuro. Ejemplo: "Cuando soy fiel a mis valores, es más fácil ver cuándo las demás personas son fieles a los suyos. Confiaré en que seré la mejor persona y pareja posible. Aun si me decepciono, sé que habré hecho lo mejor posible."

Tal vez observaste que al describir la función protectora del resentimiento, se limita mucho el crecimiento y la generación de valor. Y, cuando describiste la convicción, favoreciste el crecimiento al enfocarte en tus valores más profundos.

Repite el ejercicio anterior con todas las cosas que te causan resentimiento hasta que, de manera consistente, sientas la fuerza de la convicción. Puede que te tome un tiempo; la traición te ha hecho concentrarte demasiado en cómo se comportan otras personas, cuando tu verdadero poder está dentro de ti. Con práctica, verás que la convicción se siente más genuina que el resentimiento y es mucho más probable que genere sanación y crecimiento.

Resumen

Más que una emoción, el resentimiento es un estado de ánimo persistente. Tiende a dominar el paisaje emocional después de la traición íntima porque parece proteger del peligro de volver a confiar. Pero ofrece una mera ilusión de seguridad, dado que es más probable que te lastimen con mayor frecuencia cuando estás resentido. En términos de salud, sanación y crecimiento, los costos del resentimiento son enormes. Las "defensas de valor esencial" son una alternativa mucho mejor: autocompasión, compasión hacia nuestros seres queridos, asertividad compasiva, perdonarse uno mismo y convicción. Esas defensas fortalecen tu valor esencial, mejoran tu sentido del yo y elevan las probabilidades de hacer buenos juicios sobre en quién confiar en el futuro.

Seguir trabajando en tu valor esencial te ayudará a eliminar de tu vida el resentimiento y la confianza imprudente y, con ello, mejorarán todas tus relaciones. También te preparará para volver a amar, que es el tema de la tercera parte del libro.

Parte III

Volver a amar

En los capítulos anteriores intenté mostrar que el dolor del apego en general —y el dolor severo de la traición íntima en particular— no evolucionaron en nuestra especie para lastimarnos o castigarnos, sino para motivar una inversión más emocional en relaciones amorosas (de todo tipo) y en vínculos comunales o espirituales, cada uno de los cuales ofrecía ventajas de supervivencia. La parte III trata sobre las principales preocupaciones relacionadas con volver a amar: confiar con prudencia, evitar traidores potenciales e intimidad a largo plazo. Aunque la sección discute estos desafíos en el contexto de nuevas relaciones, por favor, léelo y haz los ejercicios, incluso si eliges reparar la relación con la persona que te traicionó. Los temas involucrados en esa decisión se abordarán en la parte IV, pero esta sección será una excelente preparación.

10. El camino hacia la confianza prudente

Los seres humanos necesitamos confiar. La confianza mitiga la ansiedad, supera la depresión y hace posible interesarse y disfrutar de manera consistente de los demás. No podría haber civilización, salud duradera ni bienestar mental sin confianza. Las interacciones interpersonales, comerciales, médicas y legales más comunes serían imposibles sin algún grado de confianza. La desconfianza está cargada de ansiedad y resentimiento. No hay soledad más sola que la desconfianza.

Como has aprendido de manera dolorosa, la traición íntima afecta la capacidad de confiar. Eso no sería tan malo si las inhibiciones relacionadas con la confianza afectaran sólo las relaciones amorosas, pues te daría tiempo de sanar antes de formar nuevos lazos íntimos. Pero si la capacidad de confiar está dañada, permea todas las relaciones, incluyendo las de los hijos. Este capítulo te ayudará a eliminar lo que ha dañado la confianza al mostrarte el camino hacia la confianza prudente.

La *confianza ciega* es la fe en alguien sin tomar en consideración qué tan confiable ha demostrado ser esa persona. Es más una negación a experimentar la duda, ansiedad y soledad de la desconfianza que un reconocimiento de las mejores cualidades de la otra persona. El *recelo* se enfoca en la mera posibilidad de la traición. La *confianza prudente* evalúa la *probabilidad* de la traición, al reconocer que todos somos criaturas frágiles capaces de traicionar en momentos de debilidad. Siendo realistas, es posible que cualquiera de nosotros traicione a un ser querido. La confianza ciega niega la característica más oscura de la naturaleza humana; el recelo la exagera. La confianza ciega es una evaluación de que la probabilidad de traición es baja.

Confiar de manera prudente en relaciones cercanas es un proceso lento y gradual. Debe serlo. Cualquier evaluación precisa de la posibilidad de traición debe basarse en la demostración de confiabilidad con el tiempo y en circunstancias de estrés. Por desgracia, hay un punto débil en la evaluación de la probabilidad de cualquier cosa. En niveles elevados, la ansiedad resulta una barrera considerable para la confianza prudente.

Ansiedad

En pequeñas dosis, la ansiedad es una emoción vital. Sin ella, te matarían al cruzar la calle y te encontrarías mal preparado para las tareas importantes de la vida. La ansiedad te dice que prestes atención porque algo distinto podría suceder. La ansiedad simple se activa mediante un cambio real o previsto en el entorno o en tu imaginación. Hace que te enfoques en lidiar con el cambio al bloquear la mayor parte de la información. La ansiedad respecto a que hay fuego en la habitación donde estás hace que dejes de hablar sobre qué vas a comer para enfocarte en apagar el fuego.

La ansiedad se vuelve un problema cuando recurre a un sentido de incompetencia subyacente que te hace sentir que no sabes qué hacer o en qué enfocarte. El cerebro, estimulado pero indeciso, comienza a escanear, incorporando mucha más información superficial mucho más rápido, con menos discernimiento de lo relevante. En otras palabras, tus pensamientos se precipitan, a veces como un tren que va a toda carrera.

Como escanear requiere mucha información superficial, las evaluaciones con base en esto tienen una probabilidad más alta de error, razón por la cual los juicios que hacemos cuando estamos ansiosos con frecuencia son incorrectos. Además, el proceso de escaneo en sí mismo eleva la ansiedad con su gama de posibilidades, la mayoría de las cuales no tiene relación con el cambio que detonó la ansiedad. Cuanto más escaneas, más ansioso te pones. Tal vez lo hayas visto con tus hijos. Si les gritas por cometer errores, puedes apostar que seguirán cometiendo los mismos errores una y otra vez. Por ejemplo, gritarle a un niño que tenga cuidado después de dejar caer un vaso le hace asociar de manera inconsciente la ansiedad con recoger el vaso. En lugar de enfocarse en cómo recogerlo de manera segura, su cerebro comienza a escanear en cuanto se acerca al vaso. Presta menos atención a lo que está haciendo y más a los pensamientos que corren por su mente, lo que aumenta las probabilidades de dejar caer el vaso. Si quieres disminuir las probabilidades de tener vasos rotos, disminuye su angustia sugiriendo de manera calmada y suave cómo recoger el vaso. Por ejemplo: "Asegúrate de que al recoger el vaso sientas lo frío en la palma de tu mano." Enfocarse, lo opuesto a escanear, disminuye la ansiedad. La regulación de la ansiedad, algo necesario para confiar con prudencia, requiere enfoque.

Regulación de la ansiedad

Una forma de enfocarte mejor al estar ansioso es dar respuesta a tus pensamientos. Esto hará que el escaneo de posibilidades improbables sea más lento y permitirá que te enfoques en las más probables. Practicar el ejercicio siguiente te puede ayudar a desarrollar el hábito de responder pensamientos ansiosos.

Escribe algunos de los pensamientos que pasan corriendo por tu mente cuando estás ansioso. Luego, registra las respuestas a cada uno, siguiendo los siguientes ejemplos:

Mis pensamientos	Mis respuestas
Voy a arruinar las cosas.	Haré mi mejor esfuerzo por evitar los errores y corregir cualquiera que pudiera cometer.
Mis amigos me abandonarán.	Si todos mis amigos se disgustan, les explicaré mis intenciones con sinceridad y honestidad.
Mis hijos me van a odiar.	Les diré cuánto me importan. Si muestran sentimientos negativos, les haré saber que me pueden expresar sus sentimientos de manera segura.
Nadie me va a querer.	Intentaré ver las perspectivas de las demás personas y ser más compasivo. Mi compasión me hará más digno de amor.

Odiaré volver a salir con alguien.	Me daré tiempo y, cuando esté listo, intentaré encontrar algo que me guste de las citas, como conocer gente nueva o llegar a conocer mejor a las personas.
Mi equipo de trabajo perderá el contrato.	Trabajaremos mucho para evitar que eso suceda, pero, si sucede, aprenderemos de ello y lo haremos mejor la siguiente vez.

Debes repetir el ejercicio anterior hasta que las respuestas a tus pensamientos ansiosos se vuelvan automáticas.

Por supuesto, algunos de tus pensamientos requieren más de una respuesta. Para ellos necesitas desarrollar planes de contingencia. Con el fin de regular la ansiedad, un plan de contingencia consiste en pensamientos simples sobre lo que harás si sucede lo peor. En otras palabras, si sucede "A", haré "B".

Las listas siguientes son una extensión de las anteriores. En la columna de la izquierda, registra cualquier pensamiento que siga generando ansiedad después de haberle dado una "respuesta". En la columna de la derecha, describe brevemente tus planes de contingencia.

Mis pensamientos ansiosos	Mis planes de contingencia
Me preocupan mis finanzas desde que se fue el patán de mi marido.	Voy a buscar en Internet la mayor cantidad de información gratuita sobre planeación financiera. Voy a investigar formas de ganar dinero desde casa.

Desde la traición, me he rezagado en mis proyectos del trabajo y me preocupa que mi jefa pierda la paciencia conmigo.	Voy a priorizar enfocarme en los pasos principales de cada proyecto. Seré persistente en mis esfuerzos. Intentaré encontrar algo en el proyecto que pueda disfrutar o en lo que me pueda interesar. Le diré a mi jefa cuánto aprecio su paciencia.
Me preocupa mi peso, sigo comiendo de más desde la traición.	Repasaré las casillas de mi banco de valor esencial antes de comer, para mantenerme concentrado en comer por salud. Comeré lento y bajaré el tenedor después de cada bocado para masticar bien mi comida. Intentaré caminar media hora diaria para ayudar a normalizar mi apetito.
Me preocupa si alguna vez podré volver a confiar.	Me enfocaré en la autocompasión y seré paciente conmigo mismo. Me enfocaré en la compasión hacia otras personas, lo cual me ayudará a ver qué tan bien se autorregulan y si son dignas de confianza. Actuaré con base en mis valores más profundos y aceptaré cualquier decepción que pueda resultar.

Si tienes problemas con cualquiera de los planes de contingencia que escribiste, incluye más detalles en el plan. Por ejemplo, en cuanto a las finanzas después de la traición (una preocupación muy común), podrías escribir los puntos que quieres tratar al escribirle un correo electrónico a un asesor financiero o al ir a una entrevista de trabajo. Otras posibilidades: usa herramientas de búsqueda de empleo, busca una agencia de colocación, entre otras. En general, tener planes más detallados da como resultado menos ansiedad.

La probabilidad de que se traicione la confianza

De lo que trata la ansiedad es de una posibilidad; la confianza prudente, de una probabilidad. Es posible que *cualquiera* pueda traicionarnos; la clave es descifrar qué tan *factible* es la traición.

La traición íntima ocurre más frecuentemente cuando el compañero viola sus valores más profundos para obtener una sensación temporal de empoderamiento. La manera en que compañeros potenciales se empoderan cuando se sienten vulnerables es la pista más importante para valorar la probabilidad de la traición. Conocer hechos de su comportamiento histórico en relaciones íntimas ayuda, por supuesto. Pero eso no siempre es posible. El compañero potencial que se enoja, resiente o deprime al sentirse vulnerable es más propenso a invalidar, castigar (retirar el interés o rechazar), controlar (demandar ciertos comportamientos) o buscar alguna forma de levantar el ego temporalmente mediante la infidelidad o el engaño. En cambio, el compañero potencial que responde a la vulnerabilidad mejorando la situación, aprecia, protege o conecta y es mucho menos proclive a traicionarte.

Usa esta práctica para valorar la probabilidad de que ocurra una traición a la confianza en una relación: En una hoja escribe el enunciado "Cuando se siente vulnerable (ansioso, despreciado, rechazado, impotente, inadecuado, no querido) mi pareja es propensa a...". Entonces, en una columna, enlista el mayor número de estas palabras que puedan aplicarse: mejorar, apreciar, proteger y conectarse. Y en una segunda columna, el mayor número de estas palabras que puedan aplicarse: invalidar, enojarse, defraudar, engañar, abusar de sustancias y maltratar. Si la relación es nueva, haz este ejercicio cada dos semanas hasta que conozcas más acerca del posible compañero.

Si decides que la factibilidad de traición no es poca, insiste en que el posible compañero aprenda habilidades de autorregulación, ya sea de este libro o en terapia basada en habilidades (en compassionpower.com está disponible una ayuda importante para la autorregulación). Ella debe aprender cómo comportarse para sentirse empoderada sin herir o traicionarte.

Cuando la decepción se siente como traición

Otra manera en que la ansiedad se hace pasar por desconfianza es como sensibilidad elevada al posible dolor. La ansiedad que sigue a la traición íntima amplifica enormemente la sensibilidad al dolor, en ocasiones hasta el punto de sentir la decepción como traición.

Muchos de mis pacientes divorciados comienzan el tratamiento sintiéndose ansiosos, deprimidos y completamente incapaces de confiar en las personas más cercanas a ellos. No obstante, ellos parecen convencidos de que el mero paso del tiempo ha sanado las heridas de sus traiciones pasadas. Las quejas que ellos presentan son, en su mayoría, acerca de decepciones en sus relaciones presentes, íntimas y de otra índole, que explotan con la intensidad emocional de la traición. He aquí algunos ejemplos:

- ♥ Phil terminó la relación con su novia (su segunda relación seria después de que su ex lo traicionó) debido a que ella se sentía incómoda asistiendo a la iglesia con él, pese a que ella le dijo desde el principio que no era religiosa.
- ♥ Keisha peleó con su nuevo esposo porque él vio a otras mujeres en la tienda, a pesar de saber que el ex de ella le había sido infiel.

❤ Tyrone dejó a su nueva esposa debido a que era "escéptica de todo" lo que él le decía, aunque admitió que ella no era abusiva emocionalmente como su ex.

❤ Sorprendida y horrorizada después de que su anciana madre olvidara su cumpleaños, Elizabeth rompió todo contacto con ella justo antes de que muriera prematuramente.

❤ Geneen había perdido a todos sus anteriores amigos porque creía que no estaban "disponibles" para ella cuando los necesitaba después de la traición de su ex.

Es fácil decir que estas personas simplemente no se habían recuperado de traiciones íntimas del pasado y, por supuesto, es verdad. Pero hay una razón particular para la desconfianza constante en sus relaciones presentes. Ellos malinterpretan las señales de ansiedad que ocurren con, o inmediatamente antes de, los sentimientos de decepción. En vez de interpretar su elevación repentina de ansiedad como una mera señal de cambio inminente, ven la ansiedad, aunque relativamente menor, como un signo de desastre. La creciente adrenalina resultante amplifica la decepción y hace que la situación parezca una traición que acaba con la confianza.

La mayoría de mis pacientes, incluidos los mencionados anteriormente, aprenden al principio del tratamiento que la decepción es parte de la vida ordinaria y que no es lo mismo que la traición. La decepción es inevitable en las relaciones. Como seres humanos frágiles sujetos a olvido, insensibilidad ocasional y ensimismamiento en nuestras propias defensas contra el dolor, estamos destinados a decepcionarnos unos a otros. A mí me gusta ponerlo de esta manera: la decepción trata de cómo se ve la casa en un momento dado; la traición es una enorme grieta en los cimientos. No podemos suponer que unos muebles fuera de lugar sean señal de una grieta en los cimientos, al igual que no podemos mejorarlos reacomodando el mobiliario. Se puede lidiar con algunas decepciones con negociación, corrección o compromiso; otras se tienen que aceptar y tolerar si la relación es viable e importante para ti. En contraste, la traición no es negociable, resulta intolerable e inaceptable sin una reparación importante de la relación.

La lista que está a continuación es una guía para mantener la decepción —que se trata en realidad de preferencias frustradas— separada de la traición, de modo que una nunca se sienta como la otra. Esperamos que nuestros seres queridos:

- No nos lastimen intencionalmente.
- Mantengan la seguridad de la relación a través del interés, la compasión, la confianza y el amor.
- Nos acepten y valoren como somos.
- Velen por nuestros intereses (de manera equilibrada con los intereses de otros miembros de la familia).
- Nos respeten.
- Nos apoyen en momentos de necesidad.
- Se interesen por nuestro dolor, incomodidad, vulnerabilidad y angustia, y se ofrezcan a ayudar.
- Quieran que seamos felices.

Nosotros preferimos que nuestros seres queridos:

- Nunca nos lastimen, incluso de forma no intencional.
- No muestren (o sientan) interés o atracción por alguien más.
- Compartan todos nuestros valores, gustos y preferencias.
- Den prioridad a nuestros intereses.
- Nos idealicen y nunca den muestra de desagrado o decepción.
- Piensen, y digan frecuentemente, que somos inteligentes, atractivos, talentosos, exitosos y demás.

❤ Regulen nuestras emociones negativas, en otras palabras, que eliminen nuestro dolor, vulnerabilidad e incomodidad.

❤ Nos hagan felices.

Las preferencias podrán ser importantes para ti o incluso ser motivo de rompimiento para algunas relaciones. Sólo sé consciente de que las preferencias están sujetas a decepción (y sujetas a la reciprocidad, es decir, que difícilmente obtendrás más de lo que das). La decepción es inevitable en las relaciones humanas; la traición nunca debe ocurrir. Debemos ser conscientes de la diferencia si esperamos lograr algún tipo de satisfacción en las relaciones cercanas.

Decepción y negociación

Puedes emparejar a dos personas en el planeta, incluso gemelos idénticos, y van a tener conflictos de preferencias que deben negociarse si quieren tener una relación cercana. Para mantener relaciones viables, debemos negociar cuando estamos decepcionados, lo que significa regular cualquier ansiedad malinterpretada como traición. Debemos decirnos a nosotros mismos y a nuestros seres queridos al comienzo de la negociación: "Estoy decepcionado, pero estoy bien." Si podemos sentir esto y demostrarlo a los seres queridos, la negociación significará tomar decisiones simples de comportamiento que no representan amenaza alguna para la confianza, la compasión o el amor.

De manera realista, tomará varias semanas del trabajo de valor fundamental descrito en los capítulos 5 y 6 y después algunas repeticiones del ejercicio presentado más adelante para alcanzar el punto en que la decepción nunca se sienta como traición.

Ejercicio: Decepción *versus* traición

En una hoja copia las siguientes preguntas y completa con las respuestas. Repite este ejercicio con el mayor número de interacciones que sentiste como traición.

Describe algo que tu pareja haya hecho recientemente y te alteró. Ejemplo: "Mi nuevo novio se comió con los ojos a una mujer atractiva en la tienda al día siguiente de que le confesé que mi exmarido me había engañado durante nuestro matrimonio."

¿Crees que fue una violación de la confianza? "Sí."

¿Qué más podría *haber sido? ¿Cuál fue la perspectiva de tu pareja sobre el asunto?* Ejemplo: "Leí un artículo sobre que los hombres son más susceptibles a la estimulación visual y que en ocasiones no se dan cuenta inmediatamente de a dónde van sus ojos. Eso es exactamente como él lo describió."

Acude a tu valor fundamental y después describe lo que puedes hacer para negociar un cambio de comportamiento. Ejemplo: "Cuando estoy en contacto con mi valor fundamental puedo decir 'Sé que no es mayor problema que tú mires a otras mujeres y que algunas veces podrías no darte cuenta de que lo haces. Pero si fueras más cuidadoso al respecto cuando estás conmigo, te lo agradecería'.")

Nota en el ejemplo anterior que negociar no supone traición; expresó una preferencia sincera. Este tipo de expresión mejora la probabilidad de un resultado positivo al dar a la otra persona la oportunidad de actuar con compasión y no de manera defensiva. Y algo más importante, tú tienes una mejor probabilidad de sentirte auténtico expresando tus preferencias a través de la asertividad compasiva que haciendo exigencias que tu pareja probablemente considerará "controladoras".

Autocompasión significa confianza lenta

Continuar el trabajo de valor fundamental y los ejercicios de este libro te ayudará a confiar sabiamente. Pero, por favor, no dejes que el deseo natural de confiar en la gente que quieres apresure lo que es un proceso lento. Piensa en ello de esta forma: mientras más lento regresa la confianza, mejor; la confianza lenta puede más fácilmente tener cimientos más sólidos y durables. Sé paciente contigo mismo. Tu naturaleza para confiar no está perdida; sólo algo herida. Quienes te aman probablemente entenderán por lo que has pasado y serán pacientes contigo. Si son dignos de tu confianza tienen un entendimiento intuitivo de esto: tres de las cuatro emociones de apego positivo (interés, compasión y amor) son incondicionales en las relaciones saludables. Pero la cuarta (confianza) debe ganarse.

El siguiente capítulo aborda una de las cosas que más asustan sobre volver a amar: la posibilidad de conocer a otro traidor.

Resumen

Los seres humanos necesitamos confiar, pero hacerlo sabiamente. La confianza ciega ignora las posibilidades de traición. La suspicacia las exagera. La confianza prudente evalúa la probabilidad de una traición futura. El confiar sabiamente es un proceso lento; la valoración precisa de la probabilidad de traición y se basa en la demostración de confiabilidad a través del tiempo y bajo estrés. La bala perdida en la confianza prudente es la ansiedad, que debe regularse para tener relaciones exitosas. De otra manera, somos propensos a percibir traición en las decepciones inevitables de las relaciones potencialmente buenas. Autocompasión, paciencia y mucho trabajo de valor fundamental seguro te pondrán en el camino hacia la confianza prudente.

11. Cómo saber si sales con alguien que te traicionará

La primera gran prueba en el camino hacia la confianza prudente se da durante las citas. Mi razón más emotiva para incluir este breve capítulo viene de muchas historias de pacientes heridos que se apresuraron a salir en citas, sólo para volver a ser traicionados. Le puede pasar a cualquiera. En general, las personas más propensas a traicionar los lazos íntimos son bastante hábiles para pretender ser todo lo que siempre habías deseado en una pareja. Pueden ser tan seductores que difícilmente notarás los focos rojos de una futura traición (comportamiento engañoso, irritable, controlador, posesivo, celoso, demasiado coqueto o violento) hasta que ya estás apegado y lo sientes protector.

Dado que los focos rojos de la traición tienden a mostrarse demasiado tarde, una guía más útil para salir es lo que llamo "las señales muy tempranas de alerta" de una relación potencialmente de alto riesgo, señales frecuentemente visibles antes de formar un vínculo estrecho. La siguiente lista muestra cualidades que se deben buscar en un amante potencial. Como toda señal temprana de alerta, éstas no constituyen una evidencia concluyente de que alguien te traicionará. Las señales pretenden solamente servir como guía para mantenerse a salvo en el amor.

Durante las primeras etapas del periodo de citas, tu pareja probablemente no te hará directamente nada de lo mencionado a continuación. Sin embargo, podrías notar algunas actitudes y comportamientos manifestarse contra otros. Deberías también ser capaz de reconocer algunos en retrospectiva en el compañero que te traicionó.

Señal muy temprana de alerta número 1: culpar. Evita a cualquiera que culpe a alguien más de sus sentimientos negativos y fracasos. Debes ser muy cuidadoso con esto; los que culpan pueden seducir al hacerte ver excelente en comparación con parejas previas:

- ♥ "Eres tan listo, sensible, atento y amoroso; no como los pelmazos que suelo conocer."
- ♥ "Me has mostrado todo lo que debe ser el amor, justo cuando creía que ya sólo los que engañan y mienten salían."
- ♥ "Tú eres tan tranquilo y centrado; él era tan loco y paranoico."
- ♥ "Eres tan dulce y honesta, tú nunca me traicionarías como ella."
- ♥ "¿Por qué no te conocí antes de involucrarme con ese idiota egocéntrico?"

Escuchar lo maravilloso que eres en comparación con tus antecesores puede hacerte creer que lo único que tu acompañante necesita es comprensión y amor de una buena pareja para cambiar su racha de "mala suerte". Es lindo ser amable y evitar juzgar a los demás, pero no ignores la "ley de la culpa": tarde o temprano fluye hacia la persona más cercana. Cuando tú te conviertas en la persona más cercana, la culpa del acusador recaerá sobre ti seguramente.

Los acusadores por lo general padecen de identidad de víctima. Ellos se asegurarán de señalar durante las citas que, como tú, ellos han sido traicionados en relaciones previas. Si tienes suerte serán un poco más notorios al mencionar a cónyuges infieles que los orillaron a engañar, a amantes vengativos que no pudieron perdonar los errores más "insignificantes" o a exparejas que les robaron el dinero y después los demandaron para obtener más. Mientras ellos se identifiquen con el papel de víctima, justificarán cualquier represalia o compensación que tomen. Un acusador, si llegas a amar a alguno, tarde o temprano percibirá algún daño hecho por ti y tomará represalia con alguna forma de traición.

Señal muy temprana de alerta número 2: resentimiento. Las personas resentidas, como vimos en el capítulo 9, sienten que no obtienen la ayuda, consideración, elogios, recompensas o afecto que merecen. Ellos se meten en sus "derechos" y se encierran tanto en sus propias perspectivas que son insensibles a los derechos y perspectivas de otros. Naturalmente, el resentimiento no será dirigido contra ti al principio, pero muy probablemente lo verás cuando se refieran otros. Si llegas a amar a una persona resentida, con el tiempo cargarás con lo peor de ese resentimiento y casi seguramente te sentirás menos en la relación. Tarde o temprano te sentirás traicionado.

Señal muy temprana de alerta número 3: derecho excesivo. Las personas con un sentido de derecho excesivo se sienten merecedoras de consideraciones y trato especiales. Ellos pueden meterse en las filas, fumar en cualquier lugar, conducir de la manera que se les antoje, decir cualquier cosa que deseen, y, en general, hacer lo que les plazca, con muy poca consideración por los demás.

Guiados por las grandes expectativas de lo que otros deben hacer por ellos, se sienten ofendidos cuando el mundo no coopera. (Y el mundo no va a cooperar con las necesidades del derecho excesivo una vez que ellos tengan más de cinco años de edad y ya no sean tan lindos.) Así que pareciera justo, desde su miope perspectiva, que recibieran algún tipo de compensación por sus frustraciones constantes. Las racionalizaciones típicas incluyen:

- ❤ "¡Es tan difícil ser yo, yo no tendría por qué esperar en la fila!"
- ❤ "Con todo lo que tengo que soportar, merezco llevarme algunas cosas de la oficina."
- ❤ "Con el día que tuve, ¿cómo pueden esperar que escuche sus problemas?"
- ❤ "¡Tantos impuestos que pago y me molestan por esta pequeña deducción!"
- ❤ "Con lo bien que jugué al golf hoy, deberían darme el mejor lugar en el restaurante."
- ❤ "Ella se negó rotundamente a hacerme la cena, así que obtuvo su merecido."
- ❤ "Él decía que me amaba, pero casi nunca me compraba cosas. Con razón me sentí atraída por alguien más."

Durante el esplendor de la infatuación, la persona que se siente con excesivos derechos te considerará igualmente merecedor de consideraciones especiales por parte de otros. Él te "apoyará" para que obtengas todo lo que sea posible de los "injustos" otros. Pero cuando se pierda ese esplendor, sus sentimientos, preferencias y deseos evidentemente serán más importantes que los tuyos. Si tú aceptas eso, te sentirás deprimido. Si no lo aceptas, serás traicionado.

Señal muy temprana de alerta número 4: superioridad. Los traidores en potencia tienden a tener una autoestima jerárquica; esto es, necesitan sentirse mejor que otros para sentirse bien con ellos mismos. Constantemente señalan el modo en que son más inteligentes, sensibles o talentosos que otros. Este comportamiento puede ser seductor durante el periodo de citas, pues ella insistirá en que tú también eres superior. (Debes serlo, ya que mereces su compañía.) No obstante, la jerarquía será más clara con el tiempo, contigo en la parte baja.

La forma más abusiva de autoestima jerárquica es la autoestima depredadora. Para sentirse bien con ellos mismos, quienes tienen una autoestima depredadora hacen a otros sentirse mal con ellos mismos. Las personas que no están de acuerdo con ellos o no reconocen sus talentos son "estúpidos", "ignorantes" o "de mente estrecha". Muchos obtendrán puntajes altos en pruebas de autoestima si acuden a terapia (usualmente por orden de la corte), mientras el resto de su familia obtiene puntajes bajos. Pero, una vez que la intervención aumenta la autoestima de los cónyuges e hijos golpeados emocionalmente, que ya no interiorizan las humillaciones como consecuencia de su propia "inferioridad", la autoestima de los depredadores cae en picada. Ellos sencillamente no se sienten bien si no hacen sentir mal a otros.

Una variante de esta señal muy temprana de alerta es la superioridad moral. Las personas que no están de acuerdo con el que se siente con superioridad moral están peor que "mal": ¡son "inmorales"! Quienes no llevan la casa de cierta manera no tienen idea de cómo debe vivir la gente "decente". Si no cumples sus caprichos, entonces eres egoísta e indeseable.

Señal muy temprana de alerta número 5: sarcasmo. Se presenta de varias maneras. En ocasiones es sólo humor en un momento inadecuado, en el que se dice algo incorrecto en el contexto incorrecto. Otras veces es insensible de forma inocente, sin intención de lastimar u ofender. La mayoría de las veces es hostil y pretende despreciar. El propósito es socavar a alguien o hacer tambalear su confianza, ya sea para subir momentáneamente su ego o por alguna ventaja estratégica.

La gente sarcástica tiende a ser muy exagerada en el manejo de la impresión que dejan y a menudo tratan de parecer brillantes e ingeniosos. Durante la fase de citas el sarcasmo será dirigido hacia otros. En una relación se centrará en ti. Si te sientes lastimado por su sarcasmo, ellos te criticarán por tener "poco sentido del humor". Se sentirán incomprendidos y poco apreciados la mayor parte del tiempo. En su mente, esos sentimientos justificarán cualquier traición que elijan llevar a cabo.

Señal muy temprana de alerta número 6: celos menores. Los celos menores son más sutiles que los focos rojos obvios del comportamiento controlador y posesivo. Se ven más bien así: Tu pareja se encuentra ligeramente incómoda cuando hablas, o hasta miras, a alguien por quien podrías sentirte atraído. No se dirá nada, pero el sentimiento incómodo es evidente.

Lo duro de los celos menores en la etapa de citas es que en realidad sí quieres un poco de eso, para saber que le importas a la otra persona. (No querrías amar a alguien a quien le da igual si te acuestas con todo el equipo de volibol.) Sin embargo, un poquito de celos puede bastar y sobrar. Piensa en ello como si fuera una gota de un líquido muy concentrado en un gran balde de agua. Más de una pequeña gota envenenará cualquier relación y, más aún, te podría poner en riesgo de sufrir daño. Los celos, aun en formas leves, son un vaticinador fuerte de futura traición.

Señal muy temprana de alerta número 7: apresuramiento. He tenido muchas clientas que se quejan de que sus novios nuevos no se esfuerzan demasiado en perseguirlas ni enamorarlas. Yo siempre digo: "¡Qué suerte la tuya!"

Quienes van "demasiado rápido" (que se define como cualquier cosa que te incomode) no respetan los límites personales. (Una forma de definir "abuso" es "comportamiento que viola los límites personales".) El que apresura las cosas prometerá con frecuencia, al menos de manera implícita, cumplir todos tus deseos y preferencias, algo imposible. Una señal delatora son sus ofrecimientos un poco mayores de lo que crees merecer en las primeras etapas de la relación. No es halagador tener a alguien que te desea tanto que no le importa si tú estás cómodo con sus deseos e intenciones. Asegúrate de que cualquiera con quien salgas muestre respeto por tu nivel de comodidad. Un amante insensible a tu mundo interno probablemente te traicionará.

Señal muy temprana de alerta número 8: jovialidad y afecto infantiles. Pocas características son más seductoras que la jovialidad y las expresiones infantiles de afecto. Un amante juguetón puede revitalizar tus emociones y despertar nuevamente en ti una sensación de alegría pura. No obstante, como con la mayoría de las cosas buenas, hay una desventaja. La gente que juega con inocencia infantil tiende a ser infantil también en otros aspectos. Son propensos a utilizar las infantiles defensas de culpar, negar y evitar; lo que imposibilita la más mínima negociación en la relación. Probablemente serás testigo de pistas sutiles de impaciencia, derecho excesivo, envidia y berrinches en su trato con otros. Esto se incrementará en frecuencia e intensidad a medida que tu relación progresa. Podrías disfrutar la jovialidad y el afecto en un amante potencial, pero asegúrate de no pasar por alto esto como una señal temprana de alerta de una traición en potencia.

Confía en ti mismo

Aunque la preocupación prudente durante la etapa de citas es algo bueno, debes asegurarte de que tu precaución sea proactiva y no reactiva; es mejor basarla en la confianza, en tus percepciones e instintos, más que en la desconfianza, el amor y las relaciones. La habilidad para confiar en ti mismo surge de tu valor fundamental. Mientras estés en sintonía con ella, gravitarás de forma natural hacia las personas que realmente te valoran como persona y te harás menos susceptible a la seducción de los traidores potenciales.

Aun si te encuentras cimentado firmemente en tu valor fundamental, es posible no estar consciente del resentimiento, la ira, el engaño, los celos o tendencias abusivas ocultos en las personas con las que sales. Esto se debe a que es fácil para quienes tienden a tales cosas poner "cara de cita". Ellos tienen un sentido más fluido del yo que la mayoría de la gente, por lo que les es más fácil verterlo en cualquier recipiente que te podría gustar.

Sin embargo, ellos no pueden (ni quieren) quedarse en un contenedor lindo y amable una vez que estableces una relación cercana. Su resentimiento, ira, falsedad o abuso llevarán en algún momento a algún tipo de traición.

A continuación se encuentra una lista de cotejo para estar al tanto de la cantidad de veces en que se manifiestan las señales muy tempranas de alerta en tus citas.

Lista de cotejo de las señales muy tempranas de alerta.

Identifica cuántas veces en tus últimas tres citas o visitas has notado que tu pareja haga a ti o a alguien más lo siguiente:

_____ culpar

_____ mostrar resentimiento

_____ exhibir un sentimiento de derecho excesivo o esperar consideraciones especiales

_____ actuar con superioridad

_____ ser sarcástico

_____ mostrar celos menores (o de cualquier tipo)

_____ apresurarte para tener más contacto, intimidad o compromiso

_____ dejar la jovialidad y afecto repentinamente para ponerse mal encarado o irritarse

_____ **Total de incidencias de señales muy tempranas de alerta**

A modo de comparación, identifica cuántas veces, durante las primeras citas o visitas, notaste que tu expareja, quien al final te traicionó, hiciera a ti o a alguien más lo siguiente:

_____ culpar

_____ mostrar resentimiento

_____ exhibir un sentimiento de derecho excesivo o esperar consideraciones especiales

_____ actuar con superioridad

_____ ser sarcástico

_____ mostrar celos menores (o de cualquier tipo)

_____ apresurarte para tener más contacto, intimidad o compromiso

_____ dejar la jovialidad y afecto repentinamente para ponerse mal encarado o irritarse

_____ **Total de incidencias de señales muy tempranas de alerta**

Por supuesto, lo mejor es que la cantidad total de incidentes sea lo más bajo posible. Cualquier cantidad mayor a dos es causa de alarma. Mereces algo mejor.

El siguiente capítulo, "La intimidad y el corazón hambriento" se centrará en la mejoría.

Resumen

Las personas más proclives a traicionar la confianza íntima son hábiles para manipular y verse como lo que tú quieres. No obstante, ellos alcanzan a mostrar al menos una de las señales muy tempranas de alerta al inicio de las relaciones: culpa, resentimiento, derecho excesivo, superioridad, sarcasmo, celos menores, tendencia a "apresurarte" o jovialidad y afecto infantiles. Las señales muy tempranas de alerta son una guía útil para establecer relaciones seguras en el futuro.

12. La intimidad y el corazón hambriento

Durante la larga recuperación por la traición íntima, un corazón herido tenderá a sentirse hambriento de contacto íntimo. Se puede debilitar por esa hambre, pero nunca morirá por ella. Tarde o temprano, los corazones hambrientos de la mayoría de las personas traicionadas tiran a patadas cualquier muralla para alimentarse de amor. Los capítulos previos de este libro se dedicaron al cuidado del corazón herido por dentro, para que no intente amar por desesperación. Este capítulo te guiará a través del laberinto de lo que puede ser la misión más satisfactoria y aterradora del ser humano: la conexión íntima.

Los seres humanos llegan al mundo con un impulso por tener contacto íntimo. Pero si las relaciones estrechas más importantes proporcionan más castigo que recompensa, como en la traición íntima, el miedo y la vergüenza constriñen el impulso de amar. Con el tiempo, el corazón en recuperación, aunque hambriento de intimidad, más probablemente se alimentará de la única experiencia emocional suficientemente fuerte para abrirse paso ante las inhibiciones del miedo y la vergüenza: la pasión.

Intimidad versus pasión

La pasión es la comida rápida del amor, gratifica de manera instantánea y llena de calorías pero con poco del valor nutricional de la intimidad verdadera. En términos de la función de la relación, la pasión nos *une*, pero la intimidad nos *mantiene* juntos; la pasión nos mueve, pero la intimidad nos hace madurar. Por lo anterior, éstas dominan diferentes etapas de las relaciones: la intimidad se hace prominente a medida que la pasión mengua. Esto no resulta sorprendente. La sutileza de la intimidad, el conocer verdaderamente a otra persona, difícilmente puede emerger durante un arrebato de pasión. Cuando las emociones están al máximo, las parejas tienden a proyectar sus sentimientos hacia el otro: "Si yo siento esto, entonces tú debes sentirlo también." Su proyección mutua crea una ilusión de que están fusionados de alguna forma. Yo lo llamo la *ilusión de igualdad*.

La intimidad versus la ilusión de igualdad

El error más grande respecto a la conexión íntima es suponer que la experiencia de nuestra pareja es la misma que la nuestra y que los sucesos que experimentamos y comportamientos que exhibimos significan lo mismo para ellos que para nosotros. Esta ilusión singular es, en su mayor parte, producto de la hormona que media la formación de vínculos emocionales. La oxitocina provoca sentimientos de cercanía, afecto y confianza mientras facilita las proyecciones idealizadas. La ilusión de igualdad nos permite crear alguna medida de seguridad frente a la vulnerabilidad que las conexiones íntimas evocan. Para alejar los sentimientos de insuficiencia y el miedo al rechazo, nos convencemos a nosotros mismos de creer en estos delirios agradables:

❤ "Nuestros corazones laten al mismo ritmo."
❤ "Somos almas gemelas."
❤ "Somos tan cercanos que completamos lo que va a decir el otro."
❤ "Ella realmente cree en mí."
❤ "Él sí me entiende."

El precio de cualquier seguridad y protección que pueda ofrecer la ilusión de igualdad es una incapacidad para ver a nuestras parejas aparte de nuestros sentimientos por ellos. Los compañeros que quieren sentirse como "almas gemelas" comenzarán a sentirse invisibles, nadie los escucha, los critican, controlan y traicionan cuando intentan expresar su individualidad. La mayoría de las peleas en las relaciones afectadas por la ilusión de igualdad pueden reducirse a la exigencia: "¡Tú debes ser más como yo y ver el mundo como yo lo veo!"

Armonía sin mí

Los amantes que padecen de la ilusión de igualdad descubren inevitablemente que sus parejas simplemente no son copias de ellos mismos. Tu pareja, casi seguro, tiene un temperamento diferente, distintas experiencias, hormonas o niveles hormonales diferentes, trayectoria de desarrollo emocional y redes de apoyo diferentes, todo lo cual ocasionará que el dé diferentes significados emocionales a sucesos y experiencias. Si no aprecias y respetas esas diferencias, te sentirás traicionado por ellas.

Para amar libremente en el mundo moderno tan complejo y emocionalmente demandante, respetemos nuestras diferencias, apreciemos muchas de ellas y toleremos las que no podemos apreciar. La gran belleza de la armonía en las relaciones, como en la música, reside en las combinaciones de diferentes notas, no en el unísono repetido infinitamente.

Intimidad y descubrimiento

La verdadera intimidad regula el impulso de proyectar los sentimientos hacia tu compañero al remplazarlo con apreciación por su *disparidad*: "Tú agregas dimensiones a mi experiencia *porque* eres diferente a mí." Mientras más capaz seas de amar a tu pareja debido a sus diferencias, ganarás más dimensiones del yo. En un proceso de descubrimiento continuo, llegas a conocer a tu amante mientras aprendes acerca de ti mismo por la manera en que te comportas en el amor. Es por eso que no puedes realmente conocerte a ti mismo hasta que amas a otra persona y no puedes conocer por completo a otras personas sin amarlas.

El descubrimiento íntimo no es fáctico; el amor no es elaboración de perfiles. Se trata de un sentido casi enteramente emocional de *cómo* experimentamos el mundo, más que un entendimiento intelectual de *qué* experimentamos. Más que sólo conocer que te gustan los atardeceres, la intimidad se trata de entender lo que los atardeceres significan para ti.

El proceso de descubrimiento de la intimidad proporciona un tipo de *visión binocular*, la habilidad de ver el mundo a través de los ojos de tu pareja, conocer sus deseos, sueños, ambiciones, vulnerabilidades y fuerzas al mismo tiempo que entiendes los tuyos. No puedes entender la realidad de una relación íntima mirando el mundo a través de una sola lente, tuya o de tu pareja. La realidad completa de la relación emerge sólo mirando a través de dos lentes distintas de manera simultánea.

Mensajes tempranos de intimidad

Casi desde el principio, las relaciones emiten mensajes sutiles acerca del nivel de intimidad que podrán soportar. Son transmitidos por señales no verbales, lenguaje corporal, tono de voz, expresión facial, tensión, relajación, concentración, distracción, silencio, duda, impaciencia, incomodidad, ansia o entusiasmo. Éstos motivan o desmotivan la autorrevelación y la individualidad. Prometen o constriñen el crecimiento y el apoyo. Facilitan la habilidad para revelar cualquier cosa sobre el yo verdadero o limitan las discusiones al yo "social" o "de citas". Es difícil determinar con precisión un significado específico de cualquiera de estas expresiones, pero en conjunto crean una sensación de qué tanta intimidad ofrecerá una relación.

La siguiente lista de cotejo puede ayudar a hacer más explícitos los mensajes sutiles sobre la futura intimidad. Puedes utilizarla para estimar el potencial de cualquier relación nueva. A modo de comparación, utilízala para medir las etapas iniciales de la relación que te traicionó.

Lista de cotejo de intimidad

_____ ¿Puedes revelar cualquier cosa sobre ti mismo a tu pareja, incluso tus pensamientos y sentimientos más profundos sin temor a rechazo o malentendidos? ¿Tu pareja se siente segura al revelarte algo?

_____ ¿El mensaje general de tu relación es "madura, expándete, crea, muestra, revela" o es "esconde, oculta, piensa sólo de cierto modo, compórtate solamente de ciertas maneras, siente sólo ciertas cosas"?

_____ ¿Sientes que ambos pueden desarrollarse hasta ser las mejores personas que pueden ser a medida que la relación progresa?

_____ ¿Tu pareja acepta por completo que tú tienes pensamientos, creencias, preferencias y sentimientos que difieren de los suyos? ¿Puede respetar esas diferencias y aceptarlas sin tratar de cambiarlas?

_____ ¿Tú quieres aceptar que tu pareja tiene pensamientos, creencias, preferencias y sentimientos que difieren de los tuyos? ¿Puedes tú respetar esas diferencias y aceptarlas sin tratar de cambiarlas?

_____ ¿Cuáles son tus sueños y ambiciones principales? ¿Tu pareja los comprende y acepta? ¿Cuáles son los sueños y ambiciones de tu pareja? ¿Realmente los comprendes y aceptas?

Después de repasar la lista de cotejo, pide a tu pareja que la revise también y comenten sus respuestas. Hacer esto debería revelar qué tan íntima puede llegar a ser su relación. Si tienen suerte y están dispuestos a trabajar, alcanzarán una _conexión íntima avanzada_, en la que ambos:

- ♥ Se aceptan el uno al otro como son.
- ♥ Sienten un gran respeto el uno por el otro.
- ♥ Protegen el bienestar del otro.
- ♥ Están "allí" el uno para el otro para darse apoyo emocional durante tiempos difíciles.
- ♥ Comparten intereses, emoción, disfrute y alegría ocasionales tanto como tristeza, pérdida y desilusión.
- ♥ Se comunican libremente a niveles mayores a los prácticos o superficiales.

Lo opuesto de la intimidad: Necesidad emocional

Incluso después de muchos cuidados y trabajo de valor fundamental, un corazón hambriento de intimidad podría ocasionalmente gritar su anhelo como ansiedad o desesperación. Cuando eso sucede, no debemos confundir el deseo perfectamente natural de una relación cercana con la necesidad emocional de una. La mejor opción para encontrar el amor otorgado libremente en una relación segura es acercarse por deseo y no por necesidad emocional.

"Libertad para amar" es una frase clave. Con el fin de ser libres para hacer algo debemos ser libres para no hacerlo. Nosotros somos libres para amar sólo hasta el punto en el que no seamos forzados a ello en vanos intentos de liberar culpa, vergüenza o miedo al abandono, o por esfuerzos mal guiados por compensar errores pasados, o lo peor de todo, al malinterpretar sentimientos vulnerables como señales de necesidad emocional.

Una necesidad emocional es una preferencia o deseo que debe ser gratificado para mantener el equilibrio, esto es, no puedes estar bien o sentirte completo sin él.

La percepción de necesidad comienza con una elevación de la intensidad emocional; te sientes mucho más decidido para hacer esto o tener aquello. A medida que la intensidad se incrementa, se puede sentir como "necesidad" de hacerlo o tenerlo, por una poderosa razón: es el mismo proceso emocional que la necesidad biológica. Cuando la emoción se eleva repentinamente, tu cerebro confunde las preferencias y los deseos con las necesidades biológicas.

Así es como funciona: normalmente no sientes nada al respirar, hasta que tienes dificultad para hacerlo. En ese punto la intensidad emocional se dispara para avisar sobre una amenaza inminente a la supervivencia. De forma similar, no sientes nada cuando tu pareja está trabajando en su computadora. Pero si hablas con él y parece ignorarte, tu intensidad emocional probablemente se incrementará hasta que el deseo de su atención parece ser una necesidad de ella. En lugar de obtener el interés de tu pareja porque lo deseas, lo demandarás porque lo "necesitas" o castigarás a tu pareja por no satisfacer tus necesidades. Entonces, ¿cuál opción crees que más fácilmente te brinde el tipo de atención que deseas de un ser amado, mostrar interés por él o exigir que él "cubra tus necesidades"?

El hábito de interpretar preferencias y deseos como necesidades simplifica en exceso la experiencia subjetiva. La intensidad emocional puede elevarse y caer por muchísimas razones, la mayoría de las cuales tienen poco significado psicológico. Por ejemplo, tu estado fisiológico actual (hambriento, sediento, cansado, hinchado, enfermo, agitado, hormonal y demás), así como la hora del día, los cambios repentinos del estado del tiempo y el estado actual de tu valor fundamental, influyen en las variaciones de la intensidad emocional en mayor medida que la mayoría de las preferencias o deseos. Si estás muriendo de hambre, exhausto, enfermo, con frío o deprimido, ¿qué tan amoroso, considerado, comunicativo, seguro o protegido te puedes sentir?

Aunque la asociación sea artificial y accidental en gran medida, cuando el incremento de la intensidad emocional estimula una percepción de necesidad, esa percepción, en cambio, incrementa la intensidad emocional. En otras palabras, la percepción de necesidad se vuelve autorreforzante: "Lo siento, por lo tanto, lo necesito; y si lo necesito, tengo que sentirlo más."

Esta característica autoperpetuante de percibir la necesidad es predominantemente inconsciente. La forma en que reúne fuerza consciente es explicando falsamente la experiencia negativa. Por ejemplo, si yo me percibo como alguien con necesidades emocionales y me siento mal de alguna manera, por alguna razón, es debido a que mis necesidades no se cubren. No importa que yo esté cansado, sin ejercitarme, aburrido, ineficaz en el trabajo o estresado por el traslado o el descenso en el mercado de valores; o peor aún, que yo te esté tratando mal o traicionando mis valores más profundos; la razón de que me sienta mal es porque tú no estás cubriendo mis necesidades.

Una vez que el cerebro se convence de que necesita algo, la búsqueda de ese algo puede fácilmente hacerse obsesiva, compulsiva o adictiva. En términos de *motivación*, las necesidades emocionales percibidas son bastante similares a las adicciones. Mis pacientes con necesidades emocionales fuertes casi siempre inician el tratamiento describiendo sus relaciones mucho más como adicción que como deseo: "No puedo vivir sin ella", "Tiemblo cuando él no está", "Cuando él es lindo conmigo, es como el paraíso".

De hecho, un paciente dijo: "Ella es mi droga. No puedo enfrentar el día sin una dosis de ella."

Mientras el cuerpo contribuye a nivel celular a la *adicción*, la mente decide que tenemos una necesidad emocional. El sentimiento puede hacerse tan fuerte que nos hace creer que tenemos agujeros en nuestro interior que alguien más debe llenar. Eso es una suposición trágica (y falsa), que casi siempre lleva a tener malas relaciones. Nadie tiene agujeros dentro, sólo impulsos de crear valor.

Grandes agujeros atraen vasos pequeños

Si tú crees tener agujeros, es casi seguro que atraerás a una pareja con un vaso pequeño para llenarlos. Ésta es la razón: por un lado, la gente con vasos grandes —es decir, con mucho amor para dar— no busca parejas con agujeros grandes. Ellos quieren compañeros que también tengan vasos grandes, que puedan dar tanto como reciben. Pero si yo me percibo como alguien de vaso pequeño —o sin mucho que dar— me sentiré atraído por alguien que cree tener agujeros grandes, ya que sus "necesidades emocionales" me llevarán a convertirme en su rescatador o héroe o cualquier idealización que ella proyecte. Por supuesto que no seré capaz de mantener el papel de dador o rescatador durante mucho tiempo, porque es muy antinatural para mí y mi vaso pequeño. Algún día yo la voy a condenar por las mismas "necesidades" que me atrajeron al principio: "¡Nadie podría satisfacer tus necesidades; eres insaciable!"

Cuando "Te amo" degenera en "¡Satisface mis necesidades!"

Sin importar lo seductor que "Te necesito" pueda sonar en las canciones populares, el compañero que te "necesita" no puede amarte libremente. La mayoría de los conflictos dolorosos de las relaciones íntimas comienzan cuando uno de los miembros realiza una solicitud emocional, motivada por una "necesidad" percibida, que el otro, motivado por una "necesidad" diferente, toma como una exigencia. Ésta es la clásica dinámica demanda-retiro mencionada en el capítulo 8: Mientras más demande uno de los compañeros, menos puede dar el otro; mientras más solicite uno, más lejos se retira el otro. Ambos se sienten víctimas. Efectivamente, cualquier desacuerdo puede sentirse como abuso cuando la "necesidad" percibida de ser validado se estrella de frente con la "necesidad" del otro de no sentirse manipulado:

♥ "Si me amaras" argumenta uno, "harías lo que yo quiero" (o "verías el mundo como lo veo yo").

- ❤ "Si tú me amaras, no tratarías de controlarme", contesta el otro.
- ❤ "Si me amaras, harías esto."
- ❤ "Si me amaras, no me pedirías hacer aquello."

Mientras te percibas a ti mismo como alguien con necesidades emocionales que tu compañero debe satisfacer, tu deseo de amar se reduce a "cubrir tus necesidades", lo que tu pareja entiende como que tiene que renunciar a quien es para satisfacer tus necesidades.

Conviértete en el compañero que más quieres ser

Entonces, ¿cómo obtienes lo que quieres en las relaciones íntimas? Piensa en la famosa cita de Gandhi sobre ser el cambio que deseas ver en el mundo. Debido a la dinámica en relaciones conocida como reciprocidad positiva y reactividad negativa (Margolin y Christensen 1981), la gente, en las relaciones íntimas, tiende a pagar en especie las acciones positivas y negativas de sus parejas, especialmente bajo estrés. Las atenciones normalmente inspiran atenciones:

—Me siento mal de que estés herido.
—Yo también me siento mal de que tú estés lastimada.

La ira tiende a crear luchas de poder:

—Debes hacer lo que yo quiero.
—No, ¡tú debes hacer lo que yo quiero!
Y el resentimiento engendra resentimiento:

—No me importan tus sentimientos, pero a ti sí te *deben* importar los míos.

— Pues a mí tampoco me importan tus sentimientos porque a ti no te importan los míos.

Si quieres una respuesta positiva, tu mejor apuesta será actuar de manera positiva, es decir, desde tu valor fundamental. Pero hay una razón más importante para ser el compañero que más deseas ser.

Algunas investigaciones enseñan que tu mejor oportunidad de ser feliz en una relación íntima es serlo antes de que comience. Los datos indican que hay un punto de ajuste de la felicidad hacia el cual tendemos a regresar después de vivir experiencias positivas y negativas (Brickman, Coates y Janoff-Bulman, 1978). Las personas pueden sufrir una gran pérdida, incluso accidentes paralizantes o enfermedades, y tras un par de años subir a su nivel de felicidad previo a su desgracia. De forma similar, los sucesos jubilosos, como casarse, ganar la lotería u obtener un gran empleo, tienen un efecto positivo únicamente durante un año, más o menos, antes de regresar a nuestro punto de ajuste original de felicidad.

Puedes cambiar tu punto de ajuste pero el cambio debe venir desde dentro, no del casamiento, la lotería o el éxito en el trabajo. Tu mejor probabilidad de encontrar una pareja con la que puedas ser feliz es ser feliz por ti mismo. Y la clave para esa felicidad es vivir de acuerdo con tus valores más profundos.

En las encuestas de relación que utilizamos en CompassionPower, preguntamos a la gente qué tipo de compañeros les gustaría tener y qué tipo de compañeros les gustaría ser. En general, la gente quiere ser amorosa, compasiva, solidaria y sexy; quiere que sus parejas sean esas cosas también. Pero también que sean generosos, flexibles y justos.

La mayoría de las personas en nuestras encuestas no reportaron querer ser generosas, flexibles o justas, pero definitivamente deseaban esas cualidades en sus compañeros. No quiere decir que los encuestados sean tacaños, rígidos o injustos, simplemente no se les ocurrió enlistar esas cualidades para sí mismos. Eso se puede entender, considerando que, en general, somos mejores para juzgar a otros que para evaluarnos a nosotros mismos. Tendemos a ser hipersensibles cuando alguien es injusto, poco generoso o inflexible con nosotros, pero realmente debemos detenernos y reflexionar (si no asistir a un retiro de fin de semana) para acercarnos a una evaluación adecuada de si somos nosotros todo eso con los demás.

Nos guste o no, debemos desarrollar la conciencia de nosotros mismos para saber si estamos siendo los compañeros que más deseamos ser. Sin embargo, el esfuerzo vale la pena; en realidad, es la única oportunidad de encontrar una relación íntima segura.

El ejercicio siguiente te pide especificar lo que buscas en un compañero. Saber qué quieres es un gran avance para reducir la ansiedad inherente de volver a amar de forma segura después de una traición íntima. También resaltará la mejor ruta para que te conviertas en el compañero que más deseas ser.

Ejercicio: Lo que quiero en una pareja

En una hoja enlista y describe las cualidades que te gustarían en un compañero. Sigue el ejemplo que se presenta, pero escribe las características y comportamientos específicos que son importantes para ti.

Quiero que mi compañero sea:

Amoroso: para expresar afecto, entablar conversaciones, frotar mi espalda.

Compasivo: para que se interese por cómo me siento, ofrezca ayudarme o reconfortarme, haga un esfuerzo por solidarizarse conmigo.

Capaz de apoyar: para que se dé cuenta de cuándo necesito ayuda o consuelo, me ayude a pensar mis problemas, me anime a hacer mi mejor esfuerzo sin críticas ni sermones.

Sexy: para que me desee, me encuentre atractivo, me toque de la forma que me gusta, me mire profundamente a los ojos.

Generoso: para dar libremente tiempo, energía, espíritu y los recursos disponibles.

Flexible: para que no tome decisiones antes de comentar las cosas conmigo, que esté dispuesto a considerar diferentes perspectivas, aceptar mi influencia.

Justo: para considerar objetivamente si algún comportamiento o solicitud son justos y razonables y que pida mi opinión sobre su justicia.

El compañero en el que quiero convertirme

Tu mejor opción para encontrar al compañero que deseas es ser ese compañero. Y tu mejor opción para obtener lo que quieres es darlo. Entonces, lo siguiente es enlistar esas mismas cualidades nuevamente y después de cada una describir lo que puedes hacer para dar a tu pareja las mismas cosas que tú quieres recibir.

Lo más probable es que escribas las mismas cosas en ambas listas. Si las utilizas como guía para dar lo que quieres recibir, te sentirás más exitoso, pero no porque tu pareja seguramente te pague con la misma moneda. Aunque incrementarás mucho las probabilidades de una respuesta recíproca, ésta nunca está garantizada. Lo único que sí se garantiza es la recompensa inherente de hacer lo crees que es correcto.

Enséñame cómo amarte

Lo peor que puedes hacer al comenzar una nueva relación es creer que sabes cómo hacer que funcionen las uniones íntimas. En realidad, no hay manera de que ninguno de nosotros *pueda* saberlo. La biología, que tarda muchas, muchas generaciones en cambiar, no nos ha preparado para los desafíos especiales del amor en nuestra cultura que cambia tan aprisa. La tradición es irremediablemente anticuada, los antiguos papeles y normas sociales se han deteriorado casi por completo; y la psicología pop proporciona poco más que perogrulladas o consejos simplistas y contradictorios.

Pero no te desesperes; el cerebro humano es asombrosamente adaptable y capaz de aprender. Lo único que nos impide aprender cómo amar mejor es el ego; simplemente no queremos admitir que no sabemos cómo hacerlo bien. Para liberarte de la horrible carga del ego, repite tres veces lo siguiente en voz alta: ¡No sé qué diablos estoy haciendo cuando se trata de hacer funcionar una relación íntima!

Una vez liberados de la carga de defender nuestras ideas preconcebidas y prejuicios ególatras sobre cómo *deberían* ser las relaciones (y cómo deberían nuestros compañeros ver el mundo) somos libres para aplicar nuestra inteligencia y creatividad y aprender cómo amar a las personas que llegamos a amar. Lo más amoroso que puedes decir a tu pareja es: "Enséñame cómo amarte y yo te enseñaré cómo amarme a mí." Aprender a amar a tu pareja mientras enseñas a tu pareja a amarte superará cualquier tipo de terapia matrimonial o material de autoayuda.

Los siguientes ejercicios, "Enséñame cómo amarte" y "Ésta es la manera de amarme", deberían darte una idea de los comportamientos que funcionarán para la pareja única que tú y tu compañero conforman. Aunque no hay duda de que las relaciones íntimas requieren de trabajo para triunfar, lo último que queremos es dificultar a nuestro compañero el amarnos. De hecho, lo que queremos es facilitárselo lo más posible. Por esto, los ejercicios te instruyen para decir a tu compañero lo que te simplificará hacer lo que él quiere que hagas por él para que se sienta amado. También te apoyan para preguntar a tu pareja qué le puede facilitar que haga lo que tú quieres que haga por ti para que te sientas amado.

Ejercicio: Enséñame cómo amarte

Pregunta a tu pareja: ¿Qué puedo hacer para que te sientas amado? Anota la respuesta de tu pareja. Por ejemplo: "Sorpréndeme de vez en cuando con flores."

Suponiendo que tu pareja responda algo que tú puedes hacer, dile qué puede facilitarte el que tú lo hagas. Por ejemplo: "Dime que estás complacida con las flores cuando te las doy."

Ejercicio: Ésta es la manera de amarme

En una hoja escribe los siguientes enunciados y preguntas y responde.

Yo me siento amado cuando tú... (Ejemplo: "Salúdame cuando llego a casa".)

Yo te facilitaré el que tú hagas esto al... (Ejemplo: "Dar muestras de agradecimiento cuando tú lo haces y hacer lo mismo por ti".)

¿Hay algo más que yo pueda hacer para hacerte las cosas más fáciles? Anota la respuesta de tu pareja.

Repite la serie de preguntas muchas veces de manera que obtengas varias cosas que tu pareja puede hacer y varias en que tú puedes facilitar que las haga.

Comunicarte con tu pareja acerca del contenido de los ejercicios previos servirá mucho para establecer una relación íntima segura y satisfactoria. El amor se ve un poco diferente en cada pareja. Cómo hacerlo bien es una lección que se deben enseñar uno al otro.

La siguiente parte del libro, la parte IV, es para lectores que desean reparar una relación traicionada. Si tú eres uno de ellos, pero no te sientes preparado, sólo date tiempo. Continúa realizando el trabajo de valor fundamental y no intentes la reparación hasta sentirte listo. Si no te interesa reparar la relación con quien te traicionó, pasa al epílogo.

Resumen

El deseo de intimidad con frecuencia crea un corazón hambriento después de la traición íntima. El amor seguro es el que se da libremente, por deseo, más que en respuesta a la necesidad emocional. Requiere sensibilidad, apreciación y respeto por sus diferencias, con intentos mínimos de hacer que tu pareja sea más como tú. Las probabilidades de encontrar una conexión íntima segura se incrementan con la disposición para dejar ir las ideas preconcebidas de cómo debe ser el amor, para aprender cómo amar a esa persona única a la que amas. El mantra de las relaciones exitosas en los tiempos modernos es: Enséñame cómo amarte y yo te enseñaré cómo amarme a mí.

Parte IV

Reconstruir una relación traicionada

No hace falta mencionar que el camino hacia la reparación de una relación traicionada está lleno de trampas, de las cuales no pocas son de ansiedad amplificada y dudas de uno mismo. Esta sección del libro te guiará a través de las barreras más importantes en la reparación de una relación traicionada. Primero, te ayudará a decidir si realmente quieres reparar, ya que es muy fácil confundir un sentimiento de que *debes* reparar con un deseo genuino de renovar vínculos. Presentará acuerdos formales entre tu pareja y tú, que ayudarán a facilitar el proceso de reparación. Después describirá el dilema de la reconexión que sigue a la traición íntima, te ayudará a decidir el nivel de reconexión que deseas y te guiará para lograrlo.

13. Cómo reconstruir una relación con la persona que te traicionó

¿Por qué aparece esta sección cerca del final de un libro sobre sanar y crecer? No es porque la reparación de la relación que sigue a una traición íntima sea terriblemente difícil, aunque ciertamente lo es. La sección sobre reparación debía quedar cerca del final porque el enfoque demasiado temprano en la reparación distraería de la tarea más importante de la recuperación personal. La reparación de una relación dañada por la traición activa las defensas naturales contra la confianza en alguien que te ha lastimado. Esas defensas están diseñadas para ayudarte a alejar el dolor futuro, pero trabajan en contra de la recuperación más allá del dolor; evitan que incluyas en tu vida el valor que al final sana y motiva la maduración. Como ya te habrás dado cuenta, se necesita bastante recuperación para aceptar emocionalmente lo que tal vez ya entendiste a nivel intelectual: *tú* no estás dañado, pero tu relación ha sido dañada.

Sólo cuando ya estás en el camino de la recuperación personal puedes, de manera significativa, evaluar el grado del daño hecho a tu relación y si verdaderamente quieres repararlo.

No obstante, sin importar cuánta recuperación alcances, concentrarte en la reparación probablemente causará torrentes de dudas sobre ti a medida que las defensas automáticas vuelven a su lugar. Las dudas emergen en forma de ansiedad o aprensión, quizá alternadas con optimismo sobre las posibilidades de reparación. Estas preguntas probablemente salten una y otra vez: ¿Por qué estoy haciendo esto?, ¿Soy un tonto?, ¿Me estoy colocando a mí mismo para que me vuelvan a lastimar?

Las dudas sobre la reparación son una respuesta natural al haber sido lastimado. Éstas no significan necesariamente que la opción de reparar sea inadecuada o incorrecta para ti. No son señales de alto, son señales de precaución que debes atender.

Las dudas sobre la reparación, de hecho, pueden beneficiarte a ti y a tu pareja al hacer más lento el proceso de reparación. Mientras más lento progresa la reparación, más probable será que dure. Tal como en la construcción de una casa, las prisas y los atajos en la reparación de la relación pueden ser desastrosos. Cada intento de reparación que falla fragmenta más la esperanza y disminuye las probabilidades de éxito. Así que no reprimas tus dudas, *motívalas*. Si tu decisión de intentar la reparación está basada en tu valor fundamental, sobrevivirá a todas las pruebas de la duda.

Aunque podría sonar en contra de la intuición, tú puedes utilizar las dudas de ti mismo de forma terapéutica. Puedes utilizarlas deliberadamente para cambiar el cableado de tu cerebro a favor de la reparación al dar a cada duda una respuesta desde tu valor fundamental, de forma muy parecida a lo que hiciste en el capítulo sobre ansiedad.

Comienza preguntándote: ¿Por qué quiero reparar esta relación? Sé brutalmente honesto contigo mismo y anota tus respuestas. El siguiente ejemplo incluye algunas preguntas para considerar.

¿Por qué quiero reparar mi relación?

1. Amor

a) ¿Cuánto amo a esta persona?

b) ¿El vínculo entre nosotros es fuerte o se mantiene por la costumbre, la conveniencia o la coerción?

2. Bienestar para nuestros hijos

a) ¿En qué forma se beneficiarían nuestros hijos si sus padres permanecieran juntos?

b) ¿Cómo podría dañarlos el que sus padres permanecieran juntos?

c) ¿Cómo podría beneficiarlos el que sus padres se separan?

d) ¿Cómo podría dañarlos el que sus padres se separaran?

3. Finanzas

a) ¿Cuál es la ventaja financiera de la reparación?

b) ¿Cuál es la ventaja financiera de terminar?

4. Familia y red de apoyo

a) ¿Cómo se sienten mi familia y amigos acerca de la reparación?

b) ¿Qué tan importante es (para mí) su sentir acerca de la reparación?

5. Historia compartida

a) ¿En qué forma la reparación de nuestra relación honraría nuestra historia compartida?

b) ¿De qué manera honraría la separación nuestra historia compartida?

6. Respeto

a) ¿Mi pareja es una persona buena y amorosa fundamentalmente?

Lee tus respuestas en voz alta. Eso te dará un poco más de objetividad para decidir si realmente quieres reparar. Si realmente quieres hacerlo, o aún no estás seguro, utiliza tus respuestas a lo anterior para contestar lo siguiente: ¿Por qué estoy haciendo esto?, ¿Soy un tonto?, ¿Me estoy colocando a mí mismo para que me vuelvan a lastimar?

Contesta cada pregunta desde tu valor fundamental, fíjate en el siguiente ejemplo. (Si lo necesitas, toma un par de minutos para revisar tu banco de valor fundamental antes de contestar.)

¿Por qué estoy haciendo esto (elegí reparar)? Ejemplo: "Mi amor por mi pareja es importante para mí, el bienestar de mis hijos se beneficia más de que estemos juntos, la seguridad financiera se garantiza si permanecemos juntos, las conexiones con mi familia política son importantes para mí, mis votos matrimoniales son importantes para mí, nuestra historia compartida es importante para mí, mi pareja es una persona fundamentalmente buena y digna de amor.

¿Estoy siendo un tonto? Ejemplo: "Nunca soy tonto cuando actúo desde mi valor fundamental. Pero seré inteligente acerca del proceso de reparación".

¿Me estoy colocando a mí mismo para que me vuelvan a lastimar? Ejemplo: "No, porque estoy haciendo lo que creo correcto. Cualquier dolor que sufra será tristeza y decepción, pero yo sabré que soy digno de amor, afecto, interés, confianza y compasión porque soy capaz de dar esas cosas. Si no me siento capaz de dar esas cosas, practicaré más la autocompasión y el trabajo de valor fundamental hasta estar preparado."

Contestar las dudas desde tu valor fundamental cada vez que surjan crea convicción acerca de la reparación y proporcionará a tu decisión final un sentido de autenticidad.

Sé claro sobre lo que quieres

Para agudizar tu sentido de la convicción auténtica, es mejor tener claro qué quieres de tu pareja antes de comunicarle lo que tiene que reparar. Esto no es tarea fácil, ya que se involucran muchos impulsos contradictorios, tales como represalias y castigo, por un lado, y un deseo profundo de paz y reconciliación, por el otro. Desafortunadamente, las investigaciones ofrecen pocas sugerencias sobre lo que tu pareja debería hacer para reparar el daño creado por la traición; lo que parece funcionar para mucha gente no funciona para otra. No existe una fórmula respaldada empíricamente para lo que tú *deberías querer* o lo que tu pareja *debería hacer* para reparar la relación.

He encontrado que dos puntos son cruciales al trabajar con miles de pacientes que quieren reparar relaciones traicionadas. Primero, debes buscar en lo profundo de tu corazón lo que quieres de tu compañero. Habrá impulsos contradictorios, pero ésos son usualmente más superficiales y se pueden resolver a nivel del valor fundamental, lo que es más importante y significativo para ti. Segundo, tu pareja debería poner todo su empeño para cumplir con cualquier cosa que decidas que quieres que haga para reparar su relación. Él debe entender que la compasión no se trata de dar lo que él quiera; la compasión se trata de dar lo que te ayudará a reinvertir en una relación amorosa.

Aunque tú no podrás confiar en tu pareja durante un tiempo, puedes y debes confiar en ti mismo para saber qué es mejor para ti y qué te ayudará a sentirte seguro durante y después del proceso de reparación. Para ayudarte a ganar claridad, escribe tus respuestas a las muy difíciles preguntas siguientes. Es crucial que imagines qué pasaría si tu pareja hiciera lo que tú quieres y, en consecuencia, cómo cambiaría tu comportamiento. Sé completamente honesto en tus respuestas.

Lo que quiero de mi pareja

¿Quiero que mi pareja comprenda la magnitud de mi dolor? Si es así, ¿qué hará la comprensión completa de mi dolor por parte de mi pareja por mí?

Si mi pareja comprende la magnitud de mi dolor, yo seré más (marcar todas las que correspondan):

___ amoroso

___ afectuoso

___ compasivo

___ flexible

___ justo

___ generoso

___ otro (describir)

¿Quiero que mi pareja conteste preguntas detalladas sobre la traición? Si es así, ¿cuáles son las preguntas que yo quisiera que fueran contestadas?

Si mi pareja contesta todas mis preguntas completa y honestamente, yo seré más (marcar todas las que correspondan):

___ amoroso

___ afectuoso

___ compasivo

___ flexible

___ justo

___ generoso

___ otro (describir)

¿Deseo expiación o penitencia para mi pareja? Si es así, ¿qué tipo de expiación o penitencia me gustaría, ¿qué forma tomaría?

Si mi pareja realiza los actos de expiación o penitencia que yo he descrito, yo seré más (marcar todos los que correspondan):

___ amoroso

___ afectuoso

___ compasivo

___ flexible

___ justo

___ generoso

___ otro (describir)

¿Quiero que mi pareja sufra como yo he sufrido? Si es así, ¿qué hará su sufrimiento por mí?

Si mi pareja sufre como yo he sufrido, yo seré más (marcar lo que corresponda):

___ amoroso

___ afectuoso

___ compasivo

___ flexible

___ justo

___ generoso

___ otro (describir)

Te darás cuenta al completar la lista anterior que incluso si tu pareja hace lo que tú quieres y se siente de la manera que tú quieres, eso no marcará gran diferencia en tu comportamiento. Si es el caso, probablemente no estás preparado para reparar tu relación. Presta más atención a la recuperación personal (la autocompasión y el trabajo de valor fundamental) antes de intentar la reparación de la relación.

Si el hecho de que tu pareja haga lo que tú quieres cambia tu comportamiento, hay un paso más antes de compartir lo que has escrito. Sería sabio aclarar lo que tu pareja no puede hacer, no debe hacer y debe hacer para reparar tu relación.

Lo que tu pareja no puede hacer:

♥ Sanarte (este libro está dedicado por completo a ayudarte a que te sanes tú mismo).
♥ Hacer que confíes en ella (ella debe ser merecedora de confianza, pero tu confianza debe venir de tu propia sanación y probablemente tarde mucho tiempo).
♥ Resolver tu resentimiento (él no debe darte más motivos de resentimiento, pero tú debes resolver tu resentimiento una vez que se ha hecho parte de tu sistema interno de defensa, como se trató en el capítulo 9).

Lo que tu pareja no debe hacer:

♥ Pedirte que lo sanes.
♥ Pedirte que confíes en ella o la perdones (tal petición indica una falta de entendimiento del proceso de recuperación y pone una presión injusta sobre ti para compensar los errores de ella).
♥ Decirte que "lo superes" o "dejes de vivir en el pasado" (este tipo de orden indica una falta de compasión).

Lo que tu pareja debe hacer:

♥ Valorarte y apreciarte, demostrar que eres una parte importante de su vida.
♥ Respetarte como igual; escucharte sin tratar de controlarte ni desechar tus opiniones.
♥ Regular su culpa, vergüenza, ansiedad, resentimiento e ira, sin culparte a ti por ellos.
♥ Mostrar compasión; interesarse por cómo te sientes, especialmente cuando no estás de acuerdo.
♥ Apoyarte emocionalmente.

❤ Apoyarte al intentar alcanzar tus metas.

❤ Tratar de ganar tu confianza con el tiempo.

❤ Hacer reparación compensatoria.

❤ Garantizar tu seguridad.

La mayoría de los elementos de las listas anteriores se explican por sí mismos. Dedicaré el resto del capítulo a explicar los que no son claros.

Mostrar compasión

En mi experiencia clínica, los desacuerdos acerca de los "hechos" son un obstáculo importante para la compasión y para reparar una relación dañada. Muchas personas tienen dificultades para mostrar compasión cuando no están de acuerdo con una perspectiva de su compañero. Esto es desafortunado, porque la compasión es muy necesaria cuando hay desacuerdos. A menudo puedes pasarla tranquilo con relativamente poca compasión cuando estás de acuerdo, ya que por sí mismo tiende a motivar el comportamiento reparador y de apoyo. Es cuando disientes que la solidaridad es más necesaria para motivar el esfuerzo enorme que representa reparar una relación dañada por la traición. Cuando la compasión depende de los acuerdos estás, en efecto, diciendo: "Como yo no estoy de acuerdo con tu interpretación de los hechos, tu dolor no me importa", o "Tú no tienes derecho a sentir dolor porque los *hechos* no respaldan tu dolor", o peor aún, "Tú *debes* sufrir, porque estás equivocado".

Por supuesto, la mayoría de las parejas más íntimas que lidian con la compasión, no dicen en serio ninguna de esas cosas. Simplemente están confundidos por su propia culpa o vergüenza, lo que los hace interpretar el dolor de su compañero como acusaciones, más que como peticiones a gritos de comprensión y ayuda. Como resultado, caen en una actitud defensiva y abandonan la compasión que podría ayudarlos.

El factor clave para la evaluación del progreso de la reparación es la habilidad de tu pareja para mostrar compasión por ti, sin importar que estés o no de acuerdo con él.

Apoyo versus control

El tipo de apoyo que los traicioneros quieren dar en ocasiones parece más control. Para ser justos, es fácil confundir el control con el apoyo cuando nos sentimos protectores de quienes amamos. (Si tú lo dudas, sólo pregunta a tus hijos o a algún familiar por quien tengas un sentido de responsabilidad. Lo que haces por preocupación y protección probablemente parecerá controlador para ellos.) Las listas siguientes te pueden ayudar a distinguir el apoyo del control en la fase de reparación de tu relación.

El *control* implica lo siguiente:

- ❤ Tus perspectivas y opiniones no son válidas, relevantes ni importantes.
- ❤ Tú no eres lo suficientemente inteligente o creativo para decidir por ti mismo.
- ❤ Se te tiene que decir lo que debes hacer y también se te debe criticar o rechazar si no lo haces.

El *apoyo* respeta:

- ❤ Tu perspectiva y tus opiniones, incluso cuando no estás de acuerdo.
- ❤ Tu competencia, inteligencia, creatividad e ingenio.
- ❤ El trabajo en equipo al explorar la mejor forma de actuar.

Ganar la confianza con el tiempo

El compañero que traicionó merece compasión incondicional-
mente, pero la confianza debe ganarse. Ella debe mostrar disposición para cumplir con lo que sea que tú, de buena fe, desde
tu valor fundamental, solicitas para sentirte seguro en la relación. Ella debe ser paciente y sensible a tu dificultad enorme de
reconstruir la confianza y no presionarte para renovarla antes
de que estés preparado. (Volveré a esto posteriormente.)

Hacer reparación compensatoria

Como se discutió ampliamente en el capítulo 4, la recuperación emocional ocurre cuando el cerebro asocia las imágenes restaurativas con las memorias dolorosas, para que la
reaparición de estas memorias remita automáticamente a las
imágenes restaurativas. Tu compañero podría utilizar este
principio para hacer reparación compensatoria, esto es, pro-
porcionarte imágenes restaurativas.

Por ejemplo, un paciente con el que trabajé en una de mis
apariciones en el programa de Oprah Winfrey había sido bastante abusivo con su esposa. Lo más doloroso que recordó, lo
que más sintió como una completa traición, fue romper varias
fotos de la infancia de ella con algunos miembros de la familia. Como la mayoría de los actos de traición, éste llevaba muchos detonadores de dolor residual. Lo podía recordar cada
vez que pensaba en su infancia, su familia o sus propios hijos,
o cuando observaba a otras personas interactuando con sus
hijos y familias. Los posibles recordatorios parecían infinitos.

Como gesto de reparación compensatoria, el hombre
mandó restaurar la mayoría de las fotos, de manera que el

daño era imperceptible. Sin embargo, había deshecho irremediablemente tres o cuatro. Para ésas, él dibujó meticulosamente a todos y todo lo que estaba en las fotografías destruidas. Las recreaciones le tomaron muchas horas de trabajo durante varios días. El punto de su esfuerzo no era la verosimilitud artística; los dibujos no se veían como las fotos originales. La imagen que ayudó a su esposa a sanar fue él sobre una pequeña mesa, a la luz de un foco desnudo, determinado a dibujar lo que estaba en las fotografías para demostrar lo arrepentido que estaba y lo importante que era su bienestar para él. Ella aún tenía recuerdos de él rompiendo las fotografías, pero ahora su rabieta impulsiva se asociaba con un esfuerzo más medido y significativo de compensar su atroz comportamiento con una expresión sincera de amor.

En otro ejemplo, el esposo de una clienta descubrió su aventura justo cuando ella la había terminado. Cuando él estuvo listo para discutir sobre las posibilidades de reparación, le habló sobre las muchas imágenes que tenía de ella con su amante, a quien nunca había visto. Él los imaginaba (obsesionado) en restaurantes, caminando de la mano por la acera, bebiendo juntos en el bar, abrazados, besándose y haciendo el amor.

Le sugerí a mi clienta que escribiera una carta a su esposo utilizando el siguiente modelo de reparación compensatoria. Por supuesto, cada paciente debe proporcionar los hechos y poner los conceptos en sus propias palabras, siempre y cuando pueda hacerlo con honestidad y sinceridad desde su valor fundamental.

Querido _____:

Me siento tan tan arrepentida por mi enorme violación a mis valores más profundos, con lo que te ha causado tanto dolor. Mi comportamiento fue imperdonable. Te mentí y rompí nuestros votos. Después tuve el descaro de culparte por mi irritabilidad constante, misma que ahora sé que vino de mi propia culpabilidad y no se relacionaba con nada que tu hayas hecho. Tú no merecías de ninguna manera ser lastimado y yo estoy completamente avergonzada de mí misma por haberte hecho estas cosas. No hay excusa para mi comportamiento ni para mi falta de consideración por tus sentimientos. No hay otra explicación más que mis fallas morales autodestructivas, que trabajaré muy duro para corregir. Debo trabajar mi vida entera para evitar lastimarte en el futuro. No dejaré que mis fracasos te vuelvan a lastimar.

[Nota: Los hechos de esta parte de la carta han sido modificados para proteger las identidades específicas.] Tú me imaginaste con Bob en varios restaurantes, incluso en Bixby´s, el que nos gusta tanto a ti y a mí en Nueva York. Tú me imaginaste caminando con él en Times Square, como solíamos hacer nosotros. Nos imaginaste en una habitación en el Plaza. Me viste, en tu mente, besándolo, abrazándolo, teniendo sexo con él. Cariño, lamento tanto que estés atormentado por esas crueles imágenes. Yo haré mi mayor esfuerzo para remplazarlas con imágenes de ti y de mí siendo amorosos y sexuales juntos, imágenes que estén llenas del amor que tengo para ti. Podría ser insuficiente, pero haré lo mejor posible para calmar el dolor horriblemente injusto que has sufrido. Mi terrible error ha hecho que me dé cuenta de cuánto te amo y de lo vacía que mi vida sería sin ti. Si tu corazón te lo permite, por favor, déjame remplazar esas hirientes imágenes con imágenes brillantes, de la vida real, de mi amor por ti.

Esta pareja, como la mayoría con las que he trabajado se puso a trabajar en la creación de imágenes restaurativas para sustituir las dolorosas en la imaginación de la víctima. El camino hacia la recuperación no fue fácil, puesto que las imágenes intrusas se presentaban mientras eran afectuosos. Pero la respuesta compasiva de ella cada vez que esto sucedía los ayudó a reconstruir la vida que ambos deseaban profundamente.

La reparación compensatoria no siempre es posible, por supuesto. He tenido una docena de casos, más o menos, en los que uno de los miembros de la pareja descubre una serie de correos electrónicos entre un cónyuge y un intruso. (Esto ha sucedido suficientes veces para dar credibilidad a la antigua noción freudiana de que algunas personas desean ser descubiertas en sus fechorías.) Algunos incluían descripciones gráficas de actos sexuales y otros fotografías de la traición. Una vez que el compañero lee descripciones vívidas de la infidelidad o mira fotografías de ella, esos incidentes quedan grabados en la memoria, junto con las fantasías obsesivas que crecen típicamente de ellos. Es poco probable que las imágenes restaurativas puedan asociarse con esos tipos de imágenes tóxicas. Aun así, sólo uno de esa docena, aproximadamente, de matrimonios rompió la relación debido a la aventura. En la totalidad de los demás casos, el compañero traicionado se enfocó exitosamente en la recuperación y maduración personales, mientras el que traicionó siguió los pasos explicados en la parte IV de este libro. Yo considero sus triunfos un testimonio de la resiliencia heroica que posibilita a la mayoría de mis pacientes superar las devastadoras heridas personales y de relación.

Garantiza tu seguridad

La traición sufrida es evidencia de que el traidor carece de las inhibiciones internas que van en contra de la violación de los valores más profundos. Yo he trabajado con miles de traidores que han desarrollado esas inhibiciones internas mediante un arduo proceso de condicionamiento emocional. (Ve el sitio www.compassionpower.

com para más información sobre el condicionamiento emocional.) Pero no hay manera de estar seguro de que tu pareja realmente está haciendo el trabajo duro para cambiar los hábitos emocionales. En ausencia de evidencias claras de inhibiciones internas, debe haber restricciones externas. Tu pareja debe estar dispuesta a prometer algo drástico que sufrirá en caso de que reincida la traición. Tu pareja debería estar dispuesta a decir, sin dudar: "Si alguna vez te vuelvo a traicionar, prometo que me cortaré el brazo derecho."

Por supuesto, nunca solicitarías tal consecuencia drástica si tu pareja tambaleara nuevamente. El punto de la declaración es que tu compañero debe mostrar una clara determinación, sin titubeos, de ser fiel a sus valores más profundos en el futuro.

El siguiente capítulo describirá un proceso de reparación compasivo que funciona para la mayor parte de mis pacientes.

Resumen

Reparar una relación íntima que ha sufrido traición es un esfuerzo largo y difícil. Debes estar seguro desde el inicio de por qué quieres hacerlo. Las razones pueden guiarte a través de la duda de ti mismo, recurrente a lo largo del proceso de reparación. Debes ser claro respecto a lo que quieres de tu pareja y lo que tu pareja puede y no puede hacer por ti. Esto es, al final, la diferencia entre el apoyo y la autosanación: requiere autocompasión y trabajo en el valor fundamental. La primera exige que tu pareja asegure tu seguridad, sin dudar, por cualquier medio necesario.

14. El proceso de reparación compasivo

Este capítulo ofrece un proceso compasivo para reconstruir relaciones traicionadas. Incluye varios acuerdos formales que el compañero que traicionó debe presentar al traicionado. Si se ejecutan fielmente, estos acuerdos reducirán significativamente la probabilidad de una traición futura.

Dimensiones del tiempo de reparación

Las parejas que luchan por reparar relaciones traicionadas a veces son mal guiadas por "lunas de miel" de corto plazo de reconexión. El gran reto en la reparación es no *sentir* las emociones de apego, de interés, confianza, compasión y amor en ningún momento; es mantenerlas a largo plazo. La duda y la ansiedad inevitablemente minan las lunas de miel y la habilidad de sostener las emociones de apego. Es mejor reconstruir lentamente, sobre cimientos sólidos que puedan soportar los ataques ocasionales de la duda y la ansiedad.

Es útil pensar en la reparación como un proceso con dimensiones de tiempo separadas, cada una con comportamientos característicos. Ambos miembros de la pareja deben tener claro desde el principio cuáles comportamientos pertenecen al *pasado* y cuáles son necesarios en el *presente* para lograr el *futuro* común que desean. El culpar al otro y las amenazas a la seguridad, así como los comportamientos irrespetuosos, deshonestos o defensivos, seguramente les traerá el pasado de vuelta. Ustedes deben remplazarlos con comportamientos que demuestren responsabilidad, respeto, aprecio, apoyo, honestidad y receptividad. Solamente cuando éstos se establecen firmemente puedes mudarte a un futuro con intimidad y confianza constantes.

Nota: Incluso si la traición fue cosa de una vez, como una aventura de una noche en un viaje de negocios, es probable que algunos de los comportamientos llamados aquí "el pasado" ocurrieran antes de la traición.

El pasado	El presente	El futuro
Culpa	Responsabilidad	Responsabilidad
Peligro	Seguridad	Seguridad
Falta de respeto	Respeto	Respeto
Deshonestidad	Honestidad	Honestidad
Falta de compasión	Compasión	Compasión
Crítica	Apoyo	Apoyo
Oposición/estar	Receptividad	Receptividad
a la defensiva	Demostrar valor	Demostrar valor
Herir sentimientos	Crecimiento	Crecimiento mutuo
Daño emocional	mutuo	Confianza constante
		Intimidad constante

Date cuenta de que la intimidad constante va después de la confianza constante. La intimidad necesita bajar las defensas, y eso es difícil de hacer consistentemente sin confianza.

La habilidad de mantener la confianza y la intimidad lleva un largo tiempo en restaurarse después de una traición íntima, incluso cuando el presente incluye todos los comportamientos enlistados anteriormente. La lentitud se debe en gran medida a los ciclos recurrentes en casi todas las relaciones.

Los ciclos de las relaciones

La noción de los ciclos de las relaciones se hizo del conocimiento general en la década de 1980 cuando el "ciclo de violencia" ganó renombre en la prensa popular. Este ciclo se describió conformado por cuatro discretas etapas: se acumula tensión entre los integrantes de la pareja, lo que culmina en un incidente violento, seguido de remordimiento y de una fase de luna de miel, en la cual la pareja siente un acercamiento temporal antes de regresar a su rutina. En este punto la tensión comienza a acumularse otra vez y el ciclo continúa. Después de algunas repeticiones, la etapa de luna de miel se queda fuera, pero el resto del ciclo perdura con el aumento en la duración de la etapa de la tensión, hasta que ésta parece constante.

Las relaciones sin abuso tienen ciclos similares, aunque menos dramáticos, debido en parte a la propensión del cerebro humano a crear hábitos y patrones de comportamiento. En nuestro mundo de gran estrés, con sus múltiples presiones y distracciones, frecuentemente las parejas crean el hábito de distanciarse, hasta que sucede algo que provoca una angustia fuera de lo común, como una enfermedad, problemas en el trabajo, peleas con amigos o vecinos, complicaciones con los hijos, una muerte en la familia, o conflictos con miembros de la familia de origen de uno de los compañeros. Estos periodos de angustia acercan a la pareja por un tiempo, antes de que la rutina controlada por el hábito se apodere de la relación.

Ciclo típico de las relaciones

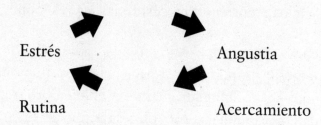

Estrés   Angustia

Rutina   Acercamiento

Duración del ciclo

La longitud del proceso de reparación se determina en parte por la duración de los ciclos de relación en el pasado, específicamente el promedio de la longitud de los intervalos entre cada etapa del ciclo. Típicamente, las etapas de *distancia* y de *rutina* se alargan con el tiempo, mientras que las otras se quedan más o menos igual.

Por varios meses durante el proceso de reparación, el sistema nervioso central en extremo estresado de la parte traicionada no puede saber si la mejoría en el comportamiento en el presente es una manifestación de otro intervalo antes de que el ciclo de distancia y peligro continúe. De hecho, se llevan a cabo varios ciclos sin la repetición de comportamientos "pasados" antes de que el sistema nervioso central pueda bajar las defensas lo suficiente para tener una intimidad y confianza constantes. En mi experiencia clínica, el tiempo de reparación promedio es igual a tres ciclos completos, sin que se manifiesten comportamientos del pasado. Si tus ciclos pasados tardaban tres meses en completarse (el extremo más corto del rango en mi experiencia), probablemente pasen nueve meses antes de que regresen la confianza e intimidad razonables. Si el ciclo normal duró un año (el extremo más largo del rango), una recuperación completa puede llevarse hasta tres años.

Realmente importa poco qué tanto el miembro de la pareja traicionado quiera confiar; su cerebro no lo dejará bajar sus defensas completamente hasta que por lo menos algunos ciclos de compasión y entendimiento ininterrumpidos se completen. El miembro de la pareja que ha traicionado deberá mantener la compasión, la paciencia y el entendimiento, aun cuando —especialmente cuando— el miembro traicionado no pueda corresponder. Probablemente por un buen tiempo habrá muy poca recompensa por parte del miembro traicionado, especialmente si los síntomas de estrés postraumático son un factor, como es frecuente en relaciones de traición. Para que la reparación sea exitosa, la etapa de la angustia debe ser dominada por la compasión.

Ciclos de reparación

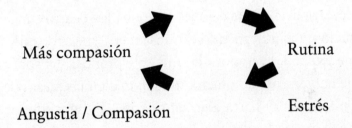

Más compasión

Rutina

Angustia / Compasión

Estrés

Compasión versus confianza

La mejor manera de dirigirse a la confianza en una relación traicionada es olvidarse de ella hasta que se tenga tiempo de tomar decisiones basadas en la confianza prudente. Así es, es mejor poner la confianza en segundo plano por un tiempo. El tratar de confiar mientras sigues herido aumenta el miedo y la ansiedad exponencialmente, socavando todos los intentos de confiar. La confianza duradera no es una meta sino un subproducto de la mejoría de valor fundamental. Enfócate primero en la autocompasión y después en la compasión mutua, y descubrirás que la confianza te sorprenderá, a su propio ritmo, siempre y cuando tu pareja se comporte de forma honesta y compasiva, en otras palabras, demuestra ser digno de confianza. Te despertarás un día, muchos meses después, y te darás cuenta de que confías en tu pareja otra vez. Antes de revisar algunas de las cosas que tienen que pasar para que la confianza "te sorprenda", déjame darte un ejemplo de compasión sin confianza.

Mi difunta madre era mi modelo para ser compasivo sabiamente. Un Día de Acción de Gracias regresé a casa de la universidad para encontrarme con que había hospedado a un par de primos lejanos sin trabajo. No me sorprendió ver que había personas viviendo en nuestra casa. (Mi madre había superado severas golpizas a manos de mi padre para convertirse en una persona de enorme caridad y generosidad.) Lo que me impactó fue que los armarios y los cajones de todos los cuartos, incluso mi habitación, tenían candado. Yo insistí en saber por qué. Mi madre me explicó, avergonzada, que mis primos, sus sobrinos lejanos, le habían robado dinero, junto con algunas piezas de su joyería de fantasía, y hasta algo de su ropa. Enfurecido por su ingrata traición, yo estaba listo para echar fuera a tan mezquinos y oportunistas criminales. Pero ella me paró en seco. "No es difícil mantener las cosas bajo llave", dijo ella. "Sería más difícil echarlos fuera cuando ellos no tienen a dónde ir."

He usado la lección de mi madre en repetidas ocasiones, en mi propia vida y en mi trabajo con pacientes que luchan con la traición íntima: tú puedes ser compasivo sin confiar. Y entre más compasivo eres, más sabia será la confianza que algún día tendrás. La compasión le da a tu pareja la oportunidad de ganar nuevamente la confianza con un comportamiento consistente digno de confianza.

No puede esperarse que la confianza prudente en una relación íntima traicionada se reestablezca en su totalidad hasta que la autocompasión y el valor fundamental hayan crecido más que el miedo a ser lastimado de nuevo. En ese punto tu inconsciente habrá hecho un juicio acerca de la probabilidad de que la confianza sea traicionada. En otras palabras, la confianza te habrá sorprendido. Hasta entonces, sigue el consejo de un político sabio: Confía, pero verifica.

El proceso de reparación compasivo

Por supuesto, la pregunta crucial en lo que se refiere a la reparación es ésta: ¿Qué se necesita para sentirte seguro al abrir tu corazón nuevamente?

El proceso compasivo de reparación debería comenzar contigo, el miembro traicionado de la pareja, presentando una lista de comportamientos que te ayudarán a sentir seguro. Titula tu lista: "Lo que quiero que tu hagas para sentirme seguro al abrirte mi corazón." No seas pasivo al compilar tu lista. Piensa en que te ayudará a invertir emocional y conductualmente en una vida vibrante. (Puede serte de utilidad tomar unos minutos para revisar tu banco de valor fundamental antes de terminar tu lista.)

Después de completarla, léela en voz alta, de preferencia grábala. No hay nada como la objetividad y, en definitiva, la convicción que una grabación nos puede dar.

Lo que el que ha traicionado accede a hacer

Los siguientes son los acuerdos que quien ha traicionado debería hacer, tanto como muestra de buena fe en el proceso de reparación como para reforzar su motivación de ser el mejor compañero que puede llegar a ser.

Compromiso compasivo.

Porque me intereso por ti y por nuestra relación, haré un esfuerzo supremo para ser compasivo contigo.

- Reconozco que cuando yo me siento resentido o enojado, estoy realmente herido, ansioso o incómodo, probablemente tú estés herida, ansiosa e incómoda también.

- Me va a importar cuando tú estés herida, ansiosa o incómoda.

- Voy a intentar con todas mis fuerzas sanar mis heridas, regular mi ansiedad, y mejorar mi incomodidad, y apoyaré tus esfuerzos para hacer lo mismo.

- Voy a decirte siempre la verdad y seré honesto contigo en todos los sentidos.

- Siempre te voy a valorar y a tratar con respeto, aun cuando esté en desacuerdo contigo o no me guste tu comportamiento.

- Siempre voy a apreciar las cualidades únicas que le imprimes a nuestra relación.

- No te voy a criticar o ignorar.

- No te controlaré, manipularé, coaccionaré, amenazaré, intimidaré, ni te haré sentir mal intencionalmente de ninguna manera.

- Voy a tratar con todas mis fuerzas de descubrir y corregir los puntos ciegos de mi comportamiento.

- Voy a tratar con todas mis fuerzas de entender tu punto de vista y ser empático con tus sentimientos, especialmente cuando esté en desacuerdo contigo.

- Voy a ser fiel a mis valores más profundos y trataré con todas mis fuerzas de ser la mejor persona y pareja que puedo ser.

Firma:

El que ha traicionado debe leer su Compromiso compasivo en voz alta a su pareja y darle una copia firmada.

Todos queremos inspirar confianza

No hay duda que la desconfianza engendra ansiedad, estar a la defensiva, resentimiento y enojo. Aunque la desconfianza natural después de una traición es una carga para el que traicionó, que quiere reconstruir su relación, también es una oportunidad para demostrar que puede regular sus respuestas por reflejo con compasión. Ella debe comprender lo difícil que es volver a confiar después de una traición. Debería entender que insistir en confiar demuestra una falta de compasión, que, en la mente de su pareja, levanta la sospecha de una futura traición. Una pareja en recuperación puede llegar a un punto de confianza prudente mucho más rápido si no hay prisa por alcanzarlo. En otras palabras, el traicionero obtendrá la confianza que desea más rápido si retira la carga de la confianza de los hombros del traicionado. Yo recomiendo ampliamente que el que ha traicionado escriba lo siguiente, lo firme, lo envuelva para regalo y se lo dé a su pareja.

Liberación de la carga de confiar

Por favor, no confíes en mí hasta que te sientas completamente cómodo al hacerlo. Es mi mayor esperanza que algún día lleguemos a ese punto, pero te amaré y te apoyaré, no importa cuánto nos tardemos en llegar ahí.

Firma:

Tanto el traicionado como el traicionero deberán leer lo anterior en voz alta para enfatizar su importancia.

La respuesta del que ha traicionado. En respuesta a la lista que hiciste ("Lo que quiero que tu hagas para hacerme sentir seguro al abrirte mi corazón."), quien te traicionó debe hacer su propia lista, titulada: "Lo que yo haré para ayudarte a sentirte seguro." Ésta debe comenzar con: "Acepto ganarme tu confianza con el tiempo haciendo, en la medida de mis habilidades, lo que tú has dicho que quieres que yo haga para que te sientas seguro al abrirme tu corazón." Entonces debe enlistar todas las cosas que le pediste y poner abajo su firma.

La pareja debe leer la declaración y la lista a la vez en voz alta, con declaración enfática; la recuperación tras una traición no puede ser a medias.

Declaración de compasión. Éste es un ejercicio de orgullo genuino para el que ha traicionado. Muestra la diferencia entre cómo fue en el pasado y en lo que se ha convertido en el presente.

Es un ejercicio necesario por dos razones. La primera, ayuda a asociar el comportamiento correctivo con los errores que se cometieron en el pasado (como parte del continuo esfuerzo de este libro por entrenar al cerebro para que haga nuevas asociaciones y lograr decisiones conductuales benéficas). Igualmente importante, el ejercicio es un intento de retirarse de un cruce peligroso de "umbrales de inhibición".

Aunque los umbrales de inhibición se han estudiado predominantemente en las áreas de violencia física, crimen y comportamientos compulsivos, hay evidencia clínica considerable para sugerir que, una vez que cruzamos ese umbral haciendo algo inhibido previamente, somos más propensos a repetir el comportamiento indeseable que a evitarlo. Esta propensión se debe al efecto estimulante ampliado de cruzar barreras prohibidas. Una vez que un nivel neurológico de estimulación nuevo se vuelve básico, se necesita más estimulación para que el cerebro produzca neurotransmisores placenteros que causen quietud o satisfacción. La frecuencia de comportamientos que sobrepasan una inhibición previa es una forma de "búsqueda de estímulos" (Mawson, 1999). Quizá hayas notado que si te sales de tu dieta una vez, eres mucho más propenso a salirte de nuevo que a detenerte. Quienes roban una vez son más propensos a hacerlo de nuevo que a parar. Si eres abusivo, eres más proclive a escalar en el abuso que a detenerte (Babcock y Steiner, 1999).

Yo llamo a este efecto de estimulación neural, que nos lleva a traicionar nuestros valores más profundos al repetir conductas inhibidas previamente, la *mordida del vampiro*. Cruzar la línea de la traición íntima nos proporciona colmillos, que debemos mantener retraídos continuamente. Mantener los colmillos retraídos en el futuro es la meta de la Declaración de compasión.

Declaración de compasión

En una hoja declara cómo has lastimado a tu pareja. Enlista todos los ejemplos de engaño, manipulación financiera, infidelidad y abuso verbal, emocional o físico. Al lado de cada elemento escribe lo que harás diferente ahora y en el futuro en caso de que ocurran situaciones similares.

Describe los efectos que tiene tu comportamiento sobre tu pareja, especialmente en su capacidad de mantener emociones de apego como interés, compasión, confianza e intimidad.

Describe los efectos que tu comportamiento tiene sobre ti, especialmente en tu capacidad de mantener las emociones de apego como interés, compasión, confianza e intimidad.

Declara específicamente lo que necesitas para mantener tus "colmillos" retraídos en el futuro para que nunca lastimes a tu pareja intencionalmente. (Esto debe ser una recapitulación de todo lo que has aprendido en este libro, así como de cualquier otra cosa que pueda ayudarte a ser la persona y el compañero que realmente deseas ser en el presente y en el futuro.)

Lo anterior debe ser leído por el que ha traicionado a su pareja.

He aquí lo que voy a hacer si alguna vez te vuelvo a traicionar. El que ha traicionado debe firmar, poner fecha y presentar a su pareja la siguiente declaración:

Por este medio prometo que si alguna vez te traiciono de nuevo, me cortaré el brazo derecho.

Firma:

Fecha:

Los acuerdos anteriores van a reducir en gran medida la probabilidad de que se traicione la confianza. Pero mantén esto en mente: para sanar, mejorar y reparar, nosotros no podemos sólo hablar por hablar, debemos "andar el camino". La reparación no sucede a través de palabras ocasionales, ocurre solamente con un comportamiento consistente.

El secreto de la recuperación

Lo siguiente es un compuesto novelado de varias historias diferentes de pacientes, diseñado para ilustrar los puntos cruciales para reconstruir una relación traicionada.

En el segundo día de su luna de miel, James se despertó a la mitad de la noche y se sorprendió al ver vacío el lado de la cama donde había dormido su esposa. Tisa no respondió a sus llamados y él no pudo encontrarla en ningún lugar dentro de la cabaña. Para el momento en que salió a buscarla ya estaba en pánico. Caminó en una dirección y no vio nada, se dio la vuelta y empezó a correr en la dirección opuesta. Notó una linterna. Al correr en dirección a ella, vio a la luz de la luna que Tisa, en su camisón, estaba hablando con el hombre que sostenía la linterna. Su miedo se convirtió en furia instantáneamente. Corrió hacia ellos lo más rápido que pudo y, en cuanto estuvo lo suficientemente cerca para que lo escucharan, acusó a su esposa de haber planeado un encuentro nocturno con el extraño. El "hombre" a la luz de la luna resultó ser un niño de doce años. Temiendo por su seguridad, el niño dejó caer la linterna y echó a correr.

"Es sólo un niño", declaró Tisa. "¡Eso lo hace aún peor! ¡Prácticamente es nuestra noche de bodas, zorra!", contestó él.

Tisa pensó por un momento que no saldría de la playa con vida; así de intensa era la ira de su esposo.

Ella hizo su mejor esfuerzo esa noche, y muchas veces durante muchos años, de explicar el encuentro a James. Ella no podía dormir porque estaba muy emocionada y feliz por su nueva vida juntos. Así que salió a caminar por la hermosa playa, donde conoció al niño nativo que juntaba cangrejos nocturnos. Él le estaba explicando cómo atraerlos a la luz con pequeños trozos de pescado, cuando escucharon a James gritando.

La mayoría de las veces, James era lo suficientemente racional para aceptar esta explicación obvia. Pero por razones que no podía entender del todo, nunca confió en Tisa después de esa noche. Durante los siguientes once años, ella se fue con tiento, siempre con la duda de cuándo se encenderían los celos de él. Tenía que dar cuenta de casi cada minuto de su tiempo y ser muy cuidadosa de no ser cortés, mucho menos amistosa, con los meseros y los hombres del servicio en su presencia.

"Me sentía como la sospechosa de un crimen, o una fugitiva de la policía para no sonreir a los hombres", me dijo.

James estaba igualmente atormentado por sus vacilaciones tipo Jekyll y Hyde entre la realidad lógica y los celos totalmente irracionales. Fue hasta que Tisa se dio cuenta de que la manera en que él la trataba era una traición a la promesa que le había hecho de amarla, honrarla y respetarla que se dispuso a abandonarlo. Posteriormente él fue a uno de mis Cursos intensivos de amor sin dolor para el resentimiento crónico, enojo y abuso emocional. Después de trabajar considerablemente su valor fundamental, hizo todos los acuerdos señalados en este capítulo.

Cómo reconstruyeron la confianza

Varios meses después de completar el curso intensivo, James y Tisa se arreglaban para ir a una fiesta. James percibía que Tisa estaba nerviosa. Ésta era la primera fiesta a la que asistían desde su tratamiento. Antes del curso intensivo, él pensó que la tensión que sentía cada vez que se preparaban para ir a algún lado era por reacción a la tensión de *ella;* ella siempre iba tarde, siempre distraída o preocupada por algo, pensaba él. Ahora él entendió que en esas infelices ocasiones anteriores, los dos estaban preocupados acerca de qué pasaría si ella hablaba unos minutos de más con algún hombre en la fiesta.

En esta ocasión, él le trajo una flor del jardín mientras ella se arreglaba para la fiesta y trató de tranquilizarla diciendo que todo iba a salir bien. Él estaba convencido de que no habría ningún problema; si llegara a sentir algo de los antiguos celos, usaría las habilidades que aprendió en el curso intensivo. Como es más difícil acceder a esas habilidades bajo la influencia del alcohol, prometió no beber una sola gota.

James se mantuvo firme en su promesa de no beber. Aunque, para su más profunda decepción, los antiguos celos volvieron cuando vio a su atractiva esposa platicando despreocupadamente con diferentes hombres en la fiesta. No le dijo nada a Tisa. No tenía que hacerlo.

En el camino de regreso a casa, ninguno dijo nada durante las primeras millas. Tisa estaba una vez más dudando de ella misma, aunque no tan terriblemente como cuando se iba con tiento antes de que James fuera al curso intensivo; pero aun así, se decía a sí misma que no debió hablar con ningún hombre en la fiesta, y mucho menos con uno tan guapo como Tim. Se culpaba a ella misma por el resentimiento que veía en la cara de James y se preocupaba de que pronto él recaería. Tenía razón acerca del resentimiento de James, pero éste no estaba dirigido a ella. Él estaba enojado consigo mismo por permitir que sus celos afloraran de nuevo. Él también estaba pensando en cómo *debería* haber respondido.

James trató de explicarme al siguiente día que el viento cerró la puerta detrás de ellos cuando entraron a la casa, y por eso la puerta hizo un ruido tan fuerte. El enojo consigo mismo era la explicación probable de cómo se azotó la puerta, pero ésa no fue la que se le ocurrió a Tisa. El azotón de puerta la sorprendió y la inyección de adrenalina convirtió su ansiedad en enojo.

—¡Estoy tan cansada de esta mierda!, gritó. ¿Por qué pensé que alguna vez cambiarías? ¿Qué tan *estúpida* puedo ser?

James pretendió no saber a qué se refería, un remanente de sus días de andarse con tiento: —¿De *qué* estás hablando?

—¡Estoy tan harta de ti!— gritó—. En lo único que piensas es en ti. ¿Se supone que ahora eres compasivo? ¡Compasión mis nalgas! Tú no has cambiado ni un poco.

—Tú sabes lo duro que he trabajado —protestó él.

—Yo sé lo duro que *dices* que has trabajado, pero eres tan Neandertal como siempre. Soy tan estúpida por pensar que podrías ser diferente.

—¿No piensas que he cambiado para nada? —Él estaba asombrado y a la defensiva, un severo lapso de autocompasión que llevó a un fracaso en compadecerse de Tisa.

—Todo esto de la *compasión* es sólo otra de tus *manipulaciones* —gritó ella—. ¿Quién no querría estar con otro hombre después de vivir contigo? ¡Un hombre de verdad nunca haría pasar a su esposa por lo que me has hecho pasar!

James nunca había visto tanta rabia y repugnancia en su pequeña y usualmente recatada esposa. Se alejó de ella y trató de imaginar el contenido de su banco de valor fundamental.

—Anda, aléjate —ella gritó—. ¡Actúa como un maldito cobarde!

Ella continúo gritando por un tiempo, mientras James trataba con fuerza de hacer su trabajo de valor fundamental.

"Eran todos esos años de infierno que se me salían por los poros", me dijo Tisa por teléfono al día siguiente. "Yo sabía que lo estaba provocando pero no podía detenerme."

"¿Qué fue lo que hizo James?", pregunté. (Ella comenzó la llamada telefónica diciendo que ellos "habían tenido una *casi* explosión anoche". Yo me preocupé de lo que ella habría querido decir con "casi".)

"Él me dio un tiempo", dijo ella. "Unos minutos, una hora, no lo sé. Entonces vino y se sentó junto a mí. Yo le dije que no quería que me tocara, y no lo hizo".

"¿Qué fue lo que hizo?", pregunté de nuevo.

"Nunca lo olvidaré", dijo ella con un repentino nudo en la garganta.

Aun percibiendo que ella no soportaba mirarlo, él encontró valor para decirle: "Yo sé que te he lastimado mucho en el pasado y que te tomará mucho, mucho tiempo confiar en mí de nuevo. Quiero que sepas que haré todo lo posible para ayudarte a sanar y no esperaré que tú confíes en mí hasta que te sientas lista para hacerlo. Y si nunca lo haces, yo te seguiré amando y estaré allí para ti de la mejor manera posible."

"Tú lo estabas sintiendo de nuevo; esa porquería de nuevo", dijo ella, pero en un tono menos acusador. "Si sentí algo de los antiguos celos", admitió él. "Pero es mi problema y yo debo lidiar con él, no tú. Ni se te ocurra protegerme de eso, yo tengo que aprender a manejarlo. No puedo prometer que no lo sentiré de nuevo, pero sí prometo que no me desquitaré contigo nunca más."

A mí se me hizo un nudo en la garganta cuando Tisa me dijo esto. Aun así, tuve que advertirle: "Este tipo de situaciones volverán a suceder, esos sentimientos son muy automáticos y están muy afianzados en sus cabezas. Pero si él puede demostrar compasión por ti cada vez, tendrán una excelente posibilidad de reconstruir su relación."

En ese momento ella no quería escuchar que le tomaría un largo tiempo recuperarse. "¿Podré *volver* a confiar en él?", preguntó con perceptible tristeza en su voz. "En algún momento crearás nuevos hábitos en respuesta a su comportamiento respetuoso y compasivo. Pero tomará mucho tiempo para que él enfrente cada una de tus reacciones de enojo y dolor con un comportamiento compasivo y de reparación." Ella no dijo nada, pero yo podía notar su tristeza. "Mantén la concentración en el futuro", le dije. "Pero siempre recuerda, ya sea que él logre actuar con compasión cada vez o no, tú debes sentir compasión hacia ti para sanar esas viejas heridas. Y con el tiempo lo harás."

Aunque éste ha sido un recuento los temas psicológicos de la historia son comunes en la reconstrucción de las relaciones traicionadas. Habría sido desastroso que James hubiera culpado a Tisa por sus reacciones. ¿Qué habría pasado si él le hubiera dicho "Estás exagerando" o "Deja de vivir en el pasado" o "Ya supéralo", o si él se hubiera puesto a la defensiva o agresivo? Si se hubiera inclinado por cualquiera de esos impulsos defensivos, habría demostrado a Tisa que ella no podía confiar en que él fuera compasivo y, por lo tanto, no podría amarlo con seguridad. Asimismo, él no habría sido capaz de confiar en sí mismo para mantener la compasión por ella durante el largo y complicado proceso de sanación, en el cual ella reviviría muchas veces memorias de un pasado doloroso, así como él reviviría sus sentimientos recurrentes de celos. Él fue capaz de demostrar apoyo hacia ella por sus síntomas de EPT y de ese modo demostrarle que la probabilidad de traicionar la confianza se desvanece.

Considerablemente, los pacientes cuyos detalles fueron mezclados en el recuento anterior, al igual que casi todos con quienes he trabajado, descubrieron que su decisión de concentrarse en la compasión en lugar de en la confianza funcionó a su favor. Tomo un promedio de dos años darse cuenta de eso; sólo al responder a los cambios de rutina de los comportamientos "presentes" de sus parejas a lo largo del tiempo, ellos empezaron a confiar de nuevo, sin tratarlo.

Resumen

Al reparar una relación traicionada, es de utilidad distinguir entre los comportamientos que pertenecen al pasado (culpa, deshonestidad, falta de respeto), al presente (compasión, responsabilidad, seguridad, respeto, honestidad) y al futuro de confianza e intimidad incrementadas. Los ciclos naturales de las relaciones de rutina, distancia, y cercanía rezagan el proceso de reparación, ya que un sistema nervioso central estresado no puede distinguir si la mejoría en el comportamiento presente es producto de un intervalo previo a la etapa de peligro del ciclo. Apenas tres de tus típicos ciclos deben pasar sin que alguno de tus comportamientos del "pasado" se manifieste para que la intimidad y confianza regresen. La compasión es la clave. El "proceso de reparación compasivo consiste en acuerdos solemnes que el que ha traicionado hace a su compañero traicionado.

15. El dilema de la reconexión

Reconstruir tu relación con el compañero que te traicionó resuelve sólo la mitad de tu dilema. Aún tienes que determinar el nivel de reconexión emocional que quieres alcanzar. Este capítulo te ayudará a establecer la reconexión en cualquier nivel que escojas, ya sea más profunda o más superficial que la existente antes de la traición.

El psiquiatra británico John Bowlby (1969, 1973, 1977, 1980) nos dio la teoría del apego como medio para entender cómo se forman los vínculos en la temprana edad y, en menor medida, cómo se mantienen en la adultez. La palabra *apego* describe de forma apropiada los efectos que tienen las relaciones íntimas sobre nuestras mentes y cuerpos. Se siente como si nuestros amantes estuvieran literalmente pegados a nosotros, como si los "lleváramos pegados a la piel". Cuando la traición rompe una relación, es como si una porción de su carne fuera arrancada.

En mi experiencia clínica el proceso de recuperación largo y difícil forma una especie de tejido de cicatrización psicológico sobre el área traumatizada de la conexión previa, que evita la reconexión al mismo nivel. Haciendo las metáforas a un lado, tu relación literalmente nunca será la misma. Si eliges reconstruir, tus opciones son intentar la reconexión a un nivel más superficial o en un plano más profundo que los que tenías antes de la traición.

La mayoría de las parejas en recuperación por traición eligen reconectarse más superficialmente, con menos afecto, interés y confianza. Ésta puede ser una opción viable cuando hay niños para quienes la disolución de la relación podría resultar traumática. También puede ser provechosa para ambas partes si el compañerismo y la amistad son una meta mutua. Para algunas parejas la opción de reconectarse más superficialmente es temporal, para darles tiempo de decidir si desean profundizar su conexión o ir por caminos separados.

Las parejas capaces de formar una conexión más profunda después de la traición reportan que el trauma, junto con la posibilidad de perder la relación, los hizo darse cuenta de qué tan importantes eran el uno para el otro. La gran amenaza de la pérdida hizo su unión más valiosa para ellos y digna del duro trabajo de la reparación.

Actitud de conexión

Será más probable alcanzar el nivel de reconexión que decidas que es el adecuado para ti adoptando una *actitud de conexión*.

Parte creencia y parte emoción, las *actitudes* son evaluaciones basadas en valores o preferencias personales. Si tu meta es reparar un relación dañada, es recomendable basar tus actitudes en qué tanto valoras una conexión con tu pareja a largo plazo, más que en lo que sientes por ella en el momento. Tus sentimientos probablemente seguirán siendo confusos, al menos con una sutil corriente de duda y ansiedad por la decisión de reconectarse. El componente de valores de las actitudes organiza los sentimientos en un todo más coherente que es más fácilmente regulado por la corteza prefrontal, el centro de mando del cerebro para el análisis, el juicio, la fuerza de voluntad y la habilidad para tomar decisiones que te convienen a largo plazo.

Los elementos de las actitudes de conexión

Las actitudes de conexión tienen los siguientes elementos clave:

- Concéntrate en la relación que quieres.
- Considérate a ti mismo conectado.
- Compórtate como si estuvieras conectado.
- Utiliza la visión binocular.
- Practica la tolerancia.
- Basa tu conexión en valores comunes.
- Construye líneas de vida.
- Establece rituales rutinarios de conexión.

Concéntrate en la relación que quieres

La recuperación te empantanará si permaneces preocupado con pensamientos de cómo se ha deteriorado la relación o con especulación sobre las posibles causas de la traición. Es mucho más productivo concentrarse en cómo quieres que sea tu relación en el futuro que en cómo era en el pasado. Claro está que este consejo es más fácil de decir que de hacer, el cerebro humano tiende a reproducir los dolores pasados mientras haya miedo de dolores similares en el futuro.

No te culpes por estos pensamientos, pero trata de no motivarlos. Sé paciente contigo mismo en el proceso y mantén la concentración en tus valores más profundos. Utiliza como guía el ejercicio del capítulo 13, llamado "Lo que quiero de mi pareja" y el del capítulo 12, llamado "El compañero en que quiero convertirme".

Considérate a ti mismo conectado

La conexión es esencialmente un estado mental y una elección. Tú eliges estar conectado o desconectado. El cambio constructivo en el comportamiento es más probable cuando es motivado por una actitud de conexión que cuando es desalentado por actitudes de desconexión, que generalmente se mueven por la ira, el disgusto o la vergüenza. Más adelante encontrarás una manera de expresar las diferencias clave en las actitudes sobre conexión.

> *Actitud de desconexión:* "No puedo conectarme contigo a menos que hagas lo que yo quiero."
>
> *Actitud de conexión:* "Yo quiero mantener nuestra conexión, pero nosotros tenemos que... (ejemplo: respetarnos el uno al otro) para proteger la conexión que ambos valoramos."

Con una actitud de conexión, piensas en términos de "nosotros" y "nuestro", más que en "yo", "tú", "mío" y "tuyo". Como es lógico, algunas investigaciones muestran que los miembros de parejas en relaciones felices tienden a utilizar el término "pareja", mientras quienes están en uniones infelices optan por "de solteros" (Seider *et al.,* 2009). Al principio parece incómodo hacer este cambio semántico cuando tus sentimientos por tu pareja son negativos. Sin embargo, practicar el "nosotros" y "nuestro" en tu vocabulario cotidiano te ayudará a alcanzar tu meta al reforzar una actitud de conexión. Intenta escribir este enunciado tres veces para ver cómo se siente en ti: "*Nosotros* tenemos que trabajar en *nuestra* relación, para que *nos* brinde la seguridad y protección que *nosotros* queremos y merecemos."

Si el modo de pensar de pareja se vuelve más cómodo, te acercas a la reparación.

Compórtate como si estuvieras conectado

Una técnica de terapia de comportamiento probada y verdadera es *comportarse como si* el cambio que quieres ya hubiera ocurrido. Piensa en cuántas veces has escuchado a alguien decir, por ejemplo, "Cuando me sienta mejor, empezaré a hacer ejercicio". Casi siempre, la gente se siente mejor *después* de comenzar a ejercitarse y no antes. El cambio de comportamiento tiende a cambiar los sentimientos más frecuentemente que al revés. Esto no siempre es verdad, por supuesto, pero yo lo he visto triunfar mucho más seguido que fracasar. Cuando te comportas como si estuvieras conectado, estás abierto para pensar en términos de pareja y, con el tiempo, para sentirte más conectado. Te animo a intentarlo sólo como experimento para el siguiente mes. Practica cada día lo que escribas en el ejercicio siguiente. Enlista lo que harías si te sintieras más conectado con tu pareja (por ejemplo: tocar más, hacer más contacto visual, abrazar más, hacer caminatas juntos). También practica cada día durante el siguiente mes lo que escribas a continuación.

Ejercicio: La píldora para un matrimonio feliz

La píldora para un matrimonio feliz se puede tomar en la forma de una aspirina ordinaria de dosis baja (que también es buena para tu corazón). Tómatela esta noche y te despertarás mañana felizmente casado y totalmente satisfecho con tu relación.

En un pedazo de papel, describe tres cosas que harías diferente si te despertaras mañana felizmente casado y totalmente satisfecho con tu relación.

Haz lo que escribiste en la parte anterior, *cada día*, y te sentirás al menos un poco más conectado después de un mes. No puedes esperar que tu relación se haga feliz antes de cambiar tu comportamiento. Las relaciones mejoran después de los cambios de comportamiento, no antes.

Utiliza la visión binocular

La visión binocular es la habilidad de ver la perspectiva de tu pareja junto a la tuya y de verte a ti mismo a través de los ojos de tu pareja. En otras palabras, ves tu relación mediante dos perspectivas a la vez.

Para apreciar la importancia de ver el punto de vista de tu compañero, y mantener el tuyo, compara la visión *monocular* con la visión *binocular.* Cuando miras con un solo ojo (visión monocular) cortas tu cono visual a la mitad. Más aún, esto distorsiona la percepción de la profundidad y obstruye la habilidad para juzgar la rapidez y dirección del movimiento. Es difícil darse cuenta de esto solamente cubriendo un ojo, porque tu cerebro llena la información faltante con estimaciones de lo que el otro ojo vería. Es más fácil comprender la diferencia al comparar los binoculares, que brindan un espectro visual amplio, con los tele-

scopios, que aumentan la imagen dentro del radio de un pequeño círculo. Con unos binoculares te das una buena idea de qué
tan lejos está un objeto, con relación a otros en el espectro. Puedes juzgar mejor la rapidez y dirección del movimiento, porque
los objetos se mueven a través del plano del espectro. Un telesco-
pio, por otro lado, aumenta todos los objetos dentro del círculo
equitativamente. Debes mover la lente a medida que el objeto se
mueve, esto bloquea el sentido de dinamismo, la rapidez y la dirección del movimiento. Por esto el desarrollo de los binoculares
fue excelente para los estrategas militares, aunque algo menos
afortunado para las tropas opositoras, que se convirtieron en
blanco fácil de los bombardeos de la artillería.

Las percepciones de profundidad y dinamismo en las relaciones, como en la óptica, son producto exclusivamente de la
visión binocular. Sólo esta visión puede darte una imagen precisa de tu relación, lo que te permite ver más profundamente
dentro del corazón de tu compañero, mientras observas tu
parte en el ciclo interactivo. En cualquier interacción dada,
todos tenemos puntos ciegos respecto a nuestras percepciones
y comportamiento cargados emocionalmente. Nuestras propias acciones, que son en su mayoría reflexivas y habituadas,
no quedan grabadas en la memoria con nada como con la
intensidad o viveza del comportamiento de los seres queridos.
En piloto automático, simplemente no podemos ver a qué
reaccionan, entonces, sus reacciones podrían parecer irracionales. La visión binocular permite a los compañeros verse a sí
mismos a través de los ojos del otro.

Es absolutamente imperativo identificar tus puntos ciegos, poseerlos sin ser o estar a la defensiva y ajustar tu comportamiento para compensarlos. Por ejemplo, un punto ciego
notable mío es pensar acerca de lo que tengo que hacer después mientras mi pareja habla sobre su día. Yo solía ponerme

a la defensiva cuando me acusaba de no escuchar, porque yo estaba seguro de hacerlo; después de todo, podía repetir todo lo que ella decía. Por supuesto, oír no es lo mismo que escuchar. Yo he aprendido que dejar volar la mente es algo que hago completamente sin darme cuenta, en otras palabras, es mi punto ciego. Yo agradezco que ella me lo diga, porque no quiero que se sienta poco escuchada.

Mis pacientes a menudo se resisten a la visión binocular al principio, por miedo a perder algo si realmente comprenden la perspectiva de sus compañeros. A veces confunden la visión binocular con la simple toma de perspectiva, herramienta enormemente ineficaz en las relaciones (Gottman, 1995). Como lo explican Vorauer y Sucharyna (2012) los que toman perspectivas sobreestiman su propia transparencia respecto a sus valores, preferencias, características y sentimientos. Ellos pierden agudeza de la autoevaluación (forman más puntos ciegos) y crean más discrepancias entre su propia experiencia de intercambios y la de sus compañeros. Estas discrepancias piden más respuestas negativas, lo que deja a ambos insatisfechos. Con la visión binocular nunca abandonas tu perspectiva, le *agregas* algo, a través de un entendimiento más profundo de tu compañero. Como la compasión por uno mismo y por los seres amados, las dos perspectivas de una relación estrecha deben mantenerse en equilibrio.

Piensa en la visión binocular como una manera de agregar nuevas dimensiones a tu experiencia. Te hace más inteligente. En la naturaleza, los animales más inteligentes tienen visión binocular, ojos al frente de la cabeza, que los equipa mejor para ver el movimiento y evaluar distancias. Los animales de presa, como ciervos y antílopes, tienen un ojo a cada lado de la cabeza y con ello sufren una clara desventaja en la visión, que compensan con el tamaño de sus manadas; lo que les falta de agudeza lo compensan con cantidad. Parte de la razón de que los animales de presa sean más nerviosos y asustadizos, incluso cuando están en cautiverio y nunca han visto a un depredador, es que no pueden confiar en su vista para obtener suficiente información sobre cuándo están a salvo. La visión monocular incrementa la ansiedad. En las relaciones humanas, las perspectivas monoculares engendran nerviosismo y sospecha. Cuando caes en la visión monocular, puedes sentir que tu compañero se propone hacer tu vida miserable.

Nunca confíes en tu propia perspectiva si no puedes ver la de tu pareja al mismo tiempo. Aun si es completamente correcta, tu perspectiva está incompleta, le falta profundidad y dinamismo. La única realidad completa de tu relación es con las dos perspectivas juntas.

Debido a la potente reactividad de las emociones negativas, tú tienes un sensor interno automático de la experiencia emocional de tu compañero. Aquí se presenta una guía general, que siempre debe ser verificada con tu pareja:

- ♥ Estoy frustrado, lo que significa que mi compañero probablemente se sienta frustrado también.
- ♥ Me siento rechazado, lo que significa que probablemente mi compañero se sienta abrumado o distraído.
- ♥ Me siento controlado, lo que significa que probablemente mi compañero se sienta ansioso o fuera de control.

Una buena forma de crear (o despertar) tu habilidad de percibir el mundo interno de tu compañero es completar la sección que viene a continuación.

Regulación de la visión binocular

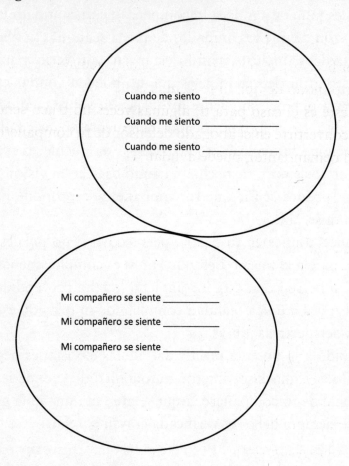

Cuando me siento _____

Cuando me siento _____

Cuando me siento _____

Mi compañero se siente _____

Mi compañero se siente _____

Mi compañero se siente _____

No olvides revisar tus respuestas de la visión binocular con tu pareja para asegurar que eres preciso para describir sus sentimientos: ¿Hice esto bien? ¿Cuando yo siento *esto* es posible que tú sientas *eso*?

En ocasiones es difícil para uno o para ambos, si se recuperan, ver la perspectiva del otro para practicar la visión binocular. Esto es especialmente cierto cuando el resentimiento crónico ha insensibilizado a las partes contra los mundos internos del otro, remplazando la sensibilidad natural de la compasión con satanización; suponiendo lo peor acerca del otro ("él es narcisista", "ella es limítrofe", "él es dominante", "ella es abusiva"). Así que, en lugar de tener visión binocular (yo me siento mal; mi pareja también debe sentirse mal), tú das por hecho que tu compañero se siente genial o se beneficia en cierto modo de que tú te sientas mal.

Si éste es el caso para ti, algunas veces un truco sencillo, como convertirte en el abogado defensor de tu compañero (en vez del demandante), puede ayudar.

Ejercicio de la defensa

En este ejercicio, cada compañero se convierte en el abogado del otro y presenta apasionadamente el caso de su pareja (perspectiva).

Escribe el enunciado: "Señoras y señores del jurado, mi cliente (compañero) sufrió de traición íntima de las siguientes maneras", después enlista todas las que puedas recordar en las que tu pareja ha sufrido.

El ejercicio de la defensa debería ayudarte a ver los efectos de la traición en tu pareja, independientemente de quién fue el traicionado y quién el traidor. Si te cuesta mucho trabajo el ejercicio, revisa las cajas de tu BVF e inténtalo de nuevo.

Practica la tolerancia

La tolerancia en las relaciones íntimas es la habilidad de aceptar las opiniones, estados emocionales y comportamientos de tu pareja cuando difieren de los tuyos. La reactividad emocional elevada que sigue típicamente a la traición íntima tiende a hacer a las parejas particularmente intolerantes a cualquier tipo de emociones negativas entre ellas. Como resultado, ninguno de los dos da cabida para la autorregulación; un sentimiento negativo de uno causa caos o cierre en el otro. La incapacidad de tolerar los estados emocionales que difieren de los tuyos seguramente impedirá el progreso hacia la reparación.

La tolerancia de las diferencias es integral para la negociación sobre comportamientos específicos. Sin tolerancia, la negociación puede fácilmente degenerar en súplicas, exigencias o coerción.

La escala de tolerancia presentada más adelante, si se completa semanalmente durante las siguientes semanas, te ayudará a interiorizar la importancia de la tolerancia para mantener una conexión emocional positiva.

Ejercicio: Escala de la tolerancia

En una hoja copia la lista siguiente y para cada elemento indica, tanto el nivel actual de tolerancia en tu relación como el que te gustaría alcanzar en el futuro, utilizando esta escala: 2 = tolerancia; 1 = tolerancia leve; 0 = ninguna tolerancia.

La tolerancia de mi pareja cuando:

_____ yo estoy hiperactivo y ella tranquila, o viceversa

_____ yo estoy serio y ella bromea, o viceversa

_____ yo soy ordenado y ella desordenada, o viceversa

_____ yo quiero planear y ella quiere ser espontánea, o viceversa

_____ yo soy puntual y ella está atrasada, o viceversa

_____ yo estoy preocupado y ella distraída, o viceversa

_____ yo quiero abrazar y ella quiere espacio, o viceversa

_____ yo quiero expresar emociones y ella quiere estar tranquila, o viceversa

_____ yo quiero platicar y ella está callada, o viceversa

_____ yo soy romántico y ella no, o viceversa

_____ yo estoy interesado en algo y ella está aburrida, o viceversa

_____ yo tengo una opinión o preferencia fuerte con la que ella no está de acuerdo, o viceversa.

Mi tolerancia para mi pareja cuando:

_____ ella está hiperactiva y yo tranquilo, o viceversa

_____ ella está seria y yo bromeo, o viceversa

_____ ella es ordenada y yo desordenado, o viceversa

_____ ella quiere planear y yo quiero ser espontáneo, o viceversa

_____ ella es puntual y yo estoy atrasado, o viceversa

_____ ella está preocupada y yo distraído, o viceversa

_____ ella quiere abrazar y yo quiero espacio, o viceversa

_____ ella quiere expresar emociones y yo quiero estar tranquilo, o viceversa

_____ ella quiere platicar y yo estoy callado, o viceversa

_____ ella es romántica y yo no, o viceversa

_____ ella está interesada en algo y yo estoy aburrido, o viceversa

_____ ella tiene una opinión o preferencia fuerte con la que yo no estoy de acuerdo, o viceversa

Trata de completar la escala de tolerancia una vez a la semana durante las siguientes seis semanas. La repetición resaltará la importancia de la tolerancia en las relaciones estrechas. Claro está, la clave para elevar la tolerancia es que ambos refuercen su valor fundamental. Esto los hace más abiertos a aceptarse y menos amenazados por las diferencias, lo que, por consiguiente, los hace más abiertos a aceptarse el uno al otro.

Basa tu conexión en valores comunes

La conexión no se basa en preferencias de lo que les gusta y disfrutan, más bien en valores compartidos. Los intereses comunes a menudo atraen a la gente, pero los valores comunes sustentan las relaciones. Una pareja cuya conexión está basada en intereses comunes sin valores comunes probablemente se hará competitiva en sus intereses. (En lugar de hacer excursionismo juntos porque valoran la compañía y bienestar del otro, querrán ver quién logra caminar más tiempo o más rápido.) Las parejas casi siempre comparten muchos de los elementos en sus BVF. Ése es un gran lugar para buscar formas de profundizar una conexión basada en valores.

A manera de ejercicio en "conexión de valores", haz una lista de áreas de conexión profunda (basada en valores) que posiblemente podrían desarrollar en el futuro. (Piensa en términos de actividades mutuas, como unirse a grupos comunitarios, compartir experiencias espirituales o viajar.) Al igual que con todos los ejercicios de este libro, lo que escribas deberá llevarse a cabo para obtener un efecto óptimo.

Construye líneas de vida

Tal como las líneas que los astronautas utilizan para mantenerse unidos a sus vehículos espaciales, las líneas de vida emocionales proporcionan un máximo movimiento, al tiempo que proveen de una conexión que salva la vida. Como metáfora de las relaciones, las líneas de vida nos mantienen anclados a lo que importa.

Imagina una línea de vida larga, flexible que los conecta a ti y a tu pareja. Sin importar lo que hagan o sientan, permanecerán conectados. Incluso cuando estén enojados uno con el otro, o cuando necesitan un tiempo fuera para alejarse uno del otro, siguen conectados. Si te imaginas una conexión constante por medio de una línea de vida invisible, tu conducta emocional inconsciente cerca de tu compañero cambiará para mejorar, aumentando la posibilidad de una respuesta positiva de tu pareja. Los momentos malos ocurrirán menos frecuentemente y serán de corta duración, porque no desencadenarán la desconexión.

Haz una lista de las maneras más importantes en las que estás profundamente conectado con tu pareja. Dale por título "Mi línea de vida hasta ti" y dásela a tu compañero.

Establece rituales rutinarios de conexión

La recuperación de la traición íntima depende de la conexión rutinaria. Las pequeñas muestras de conexión incluidas en tu rutina diaria hacen maravillas para crear una actitud estable de conexión. En cambio, a los sucesos especiales como fines de semana románticos o vacaciones agradables, aunque pudieran ser placenteros y disfrutables, con frecuencia les sigue una decepción cuando la ola insostenible de bienestar choca con la rutina de la vida cotidiana. No me malinterpretes, los fines de semana románticos, vacaciones agradables y otros por el estilo son buenos para las relaciones *si* hay también una conexión rutinaria. La seguridad y protección que te ayudarán a reparar tu relación surgen de una actitud estable de conexión, más que de las grandes olas de la experiencia emocional. El secreto para amar en grande es pensar en pequeño.

Yo he descubierto que el cambio en el comportamiento de mis pacientes se hace permanente cuando los comportamientos de conexión son suficientemente pequeños para entrar en la rutina diaria. Para ese fin, he diseñado la Fórmula del Amor Poderoso, que tarda menos de cinco minutos al día. Cada iteración debe comenzar con un conocimiento consciente de por qué lo estás haciendo: para fortalecer tu conexión. (Durante el siguiente año, más o menos, el que traicionó debe iniciar la Fórmula del Amor Poderoso y el compañero traicionado deberá esforzarse por ser receptivo, pero iniciando menos frecuentemente. Cuando la sanación esté completa, la iniciación se puede igualar.)

Paso uno: ten detalles de importancia. Da muestras de lo importante que tu compañero es para ti en cuatro momentos cruciales del día. (Como regla general, nuestros comportamientos durante momentos de transición tienen un mayor efecto de arrastre, pues es más probable que lleves tus actitudes actuales a la siguiente circunstancia.)

Tu *detalle de importancia* es una manera de mantener a tu compañero cerca de tu corazón. Inventa un detalle breve, no verbal que exprese la importancia que tiene tu compañero. Puede ser una caricia, contacto visual gentil o simplemente acercar tu mano. (Sólo ustedes dos necesitan saber lo que el detalle significa; puede ser su preciado secreto.) Ten tu detalle de importancia en los cuatro momentos de transición más cruciales del día: cuando te levantes, antes de salir de casa, cuando regreses a casa y justo antes de irte a dormir.

Uno de los mejores comportamientos para tu salud general y bienestar es afirmar la importancia de tu pareja como lo primero que hagas en la mañana. La segunda concientización, antes de salir de casa por la mañana, crea una imagen positiva de tu compañero para que la puedas llevar cuando estés lejos. La tercera establece un tono positivo para pasar las horas antes de ir a la cama juntos. Tu concientización final del día endulzará tus sueños y llevará tu amor hasta la mañana siguiente.

Paso dos: abraza seis veces al día. Los abrazos son por lo general lo primero que desaparece cuando una cadena de resentimiento domina una relación. Con el tiempo, la incapacidad para abrazar se convierte en una prescripción para el desastre; mientras menos tocas, más resentido te vuelves, y mientras más resentido eres, menos tocas. La rutina siguiente, que toma treinta y seis segundos al día, está diseñada para revertir esta inercia que lleva cuesta abajo.

Abraza a tu compañero en un apretón de cuerpo entero, con el mayor número posible de partes corporales tocándose, un mínimo de seis veces al día, manteniendo cada abrazo al menos seis segundos. (El abrazo de cuerpo completo es una de las pocas formas confiables en que los hombres obtienen oxitocina, la hormona vinculante que nos hace sentir cercanos, conectados, tranquilos y confiados.) La fórmula no es arbitraria. Probablemente tú no abraces más de una o dos veces al día actualmente. Incrementar a seis veces facilitará un nuevo nivel de cercanía. El mínimo de seis segundos por cada abrazo reconoce que, al principio, muchos de esos abrazos serán forzados. Incluso si comienzan forzados, es probable que se vuelvan genuinos alrededor del cuarto o quinto segundo, siempre que ustedes sigan vinculados el uno con el otro. Este tipo de abrazo también incrementa los niveles de serotonina, lo que ayuda a reducir el apetito. No es un mal trato; te sentirás mejor, con menos nerviosismo, irritabilidad, tristeza y quizá hasta pierdas un kilo o dos en el proceso de sentirte mejor.

Paso tres: permítete pensamientos positivos sobre tu relación. Esto es fácil. En algún momento durante tu jornada de trabajo, detente durante diez segundos para tener pensamientos positivos sobre tu pareja. Enlista algunos en un papel.

Paso cuatro: haz un contrato. Escribe lo siguiente como un contrato formal. Mantenlo breve y simple. Lleva a cabo la acción en algún momento acordado cada día. Es una expresión simbólica de tu amor.

Por este medio, acepto mostrar mi amor por ti cada día al (hacer uno de los siguientes):

Prender una vela por ti.

Hacer una nota de "te amo".

Poner un pétalo de flor en tu plato del desayuno.

Mandar un mensaje de texto de "te amo".

Escribir una línea de nuestra canción favorita.

Otra: _____

Los simples comportamientos diarios de la Fórmula del Amor Poderoso ayudarán a revitalizar tu conexión emocional. (Es un vaticinador importante de éxito en los seguimientos anuales en nuestros cursos intensivos para relaciones traicionadas.) Sin embargo, lo positivo que puede traer no es en alguna de las implementaciones. El beneficio general de la Fórmula del Amor Poderoso yace en el efecto acumulativo de una conexión estable en el tiempo.

Advertencia: Una vez que comienzas con la Fórmula del Amor Poderoso debes continuarla al menos durante un año. Ésta tendrá un efecto general negativo si la interrumpes porque estás enojado con tu pareja o te aburres con la fórmula. Mírala como un compromiso de la relación. Con el tiempo, cosecharás la recompensa de una relación más cercana y conectada emocionalmente.

Resumen

Tú puedes escoger reconectarte emocionalmente con el compañero que te traicionó, ya sea a un nivel más profundo o más superficial que el que los conectaba antes de la traición. Cualquiera que sea el nivel que escojas, te será más fácil alcanzarlo con una actitud de conexión, en la que te consideres a ti mismo conectado. Concéntrate en cómo quieres que sea tu relación en el futuro, compórtate como si estuvieras conectado, utiliza la visión binocular (la habilidad de ver tu perspectiva y la de tu compañero simultáneamente) esfuérzate por ser tolerante, construye líneas de vida y establece detalles de conexión pequeños y rutinarios.

Epílogo:
Sanar, reparar, perdonar

Muchos libros acerca del perdón enfatizan varios aspectos de un concepto muy complejo. Mi propósito en este breve epílogo no es agregar más a la voluminosa literatura acerca del perdón, sino ofrecer algunos consejos prácticos sobre éste.

Algunos autores, que escriben principalmente desde perspectivas religiosas, enuncian que no puedes sanar sin perdonar. Después de trabajar con miles de pacientes, estoy bastante seguro de que la mayor parte del perdón sucede como un subproducto de la sanación más que como causa de ésta. Tú sanas y después perdonas, no al revés. Intentar perdonar mientras tienes dolor es como tratar de apagar el fuego en un yacimiento petrolero sin sellar los pozos. Mientras el dolor esté presente, cualquier perdón que alcances será una elevación temporal de sentimientos, propensa a hundirse en un estanque de resentimiento defensivo o de desprecio tan pronto como la herida sin sanar se encienda nuevamente.

Hechos sobre el perdón

Tú puedes perdonar a alguien que te ha traicionado sin continuar una relación. Y si decides continuarla, el perdón, como acto intencional, no es necesario para repararla. Yo he visto una gran cantidad de relaciones reparadas exitosamente en las que nadie dijo "te perdono".

Perdonar no significa excusar un mal comportamiento. No libera al ofensor de la responsabilidad o necesidad de dar cuenta de la ofensa. Si tú quieres reparar la relación, el perdón no libera a tu pareja de tener que ganar nuevamente tu confianza a través del consistente comportamiento reparador y digno de confianza.

El perdón requiere regular el impulso de castigar, resentir o guardar rencor. Al reconocer el daño causado en el yo por actuar con el impulso por castigar, resentir o guardar rencores, el perdón se convierte en un asunto de salud y bienestar personales. Tu decisión de perdonar debe estar basada en lo que es mejor para tu salud y bienestar. Si quieres reparar, no es probable que perdones antes de que el proceso de reparación lleve ya un cierto avance. Tu cerebro inconsciente no se comprometerá al perdón permanente mientras haya una probabilidad de daño, como lo hay siempre antes de que las relaciones dañadas estén al menos parcialmente reparadas.

El orden de los hitos emocionales probablemente vaya como sigue: sanación personal, al menos reparación parcial, después perdón.

La decisión de perdonar intencionalmente, por supuesto, es muy personal. Con los comentarios siguientes acerca de las funciones del perdón, se pretende ayudarte a tomar una decisión que sea correcta para ti.

Funciones del perdón

El perdón tiene dos funciones principales: religiosa o espiritual, y desapego de la relación.

Existen componentes religiosos y espirituales antiguos del perdón como un proceso de "limpieza del alma". Queda fuera de la competencia de un libro de psicología tratar el elemento del perdón, más que para mencionar esto: si tus creencias religiosas o espirituales exigen el perdón, será en beneficio de tu psicología considerarlo cuidadosamente, ya que cualquier violación de un valor personal profundo trae culpa, vergüenza y ansiedad.

No me malinterpretes; yo creo en la realidad psicológica de la "limpieza del alma". Sin embargo, el que necesita limpiar su alma es el que traicionó, a través del consistente comportamiento reparador y compasivo. El que ha sido traicionado necesita sanar, crecer, aprender y desarrollar más defensas viables, pero no necesita "limpiar su alma" por haber sido traicionada.

La otra función principal del perdón es el desapego de la relación. En el sentido psicológico, en la mayoría de las relaciones relevantes a íntimas, el desapego de un vínculo emocional ocurre en el punto en que te vuelves capaz de pensar en tu amante anterior sin emoción importante, positiva o negativa. En otras palabras, "ya lo superaste". Ese tipo de perdón se describe como que trae "paz". Desafortunadamente, el desapego mediante el perdón es raro.

Las relaciones íntimas típicamente se rompen al menos con uno de los miembros sintiéndose abandonado o maltratado, si no traicionado. El desapego bajo esas circunstancias llega al final de un muy largo periodo de resentimiento. Con el tiempo, el resentimiento se convierte en desprecio y el desprecio, tarde o temprano, en la emoción de predesapego final, disgusto. El sentido literal de *disgusto* es vomitar una sustancia ingerida que el cuerpo percibe como dañina. Y esa es una buena metáfora para un mal apego. Echamos al antes amado "fuera de nosotros", como leche agria, a través del disgusto.

Tal vez recuerdes este proceso común de desapego en alguna relación previa, particularmente alguna de la juventud, para la cual has obtenido objetividad con el paso del tiempo. Si fuiste abandonado cuando eras joven, probablemente pasaste por un periodo de pena intensa, seguida de resentimiento ("¡Cómo se atreve a hacerme esto!" o "¡Ella fue atrozmente injusta!"), seguido de desprecio ("Ella tiene un trastorno de personalidad", "Él es un sociópata" o "¡Algo está verdaderamente mal en ella!") y, finalmente, disgusto, cuando ya no pudiste siquiera imaginar el haber intimado con esa persona. Una vez que la etapa del disgusto pasa, podrías pensar en tu anterior amante con poca emoción, positiva o negativa. Este proceso siempre es largo y pocas veces simple, pues muchas personas se estancan en las etapas de resentimiento o el desprecio sin llegar a desapegarse nunca. El perdón es una ruta más esquiva, pero mucho más positiva de lograr el desapego.

El secreto del perdón, sin importar que quieras utilizarlo como método para el desapego o forma de fortalecer tu relación después de la reparación, es enfocarse no en el comportamiento ofensivo, sino en liberarte del dolor emocional que viviste como resultado del comportamiento.

El aspecto más severo del dolor emocional es el sentimiento de impotencia que genera. El perdón intencional te ayuda a recuperar el poder sobre tu vida emocional.

El formato de perdón intencional que utilizo con mis pacientes que quieren alcanzarlo es similar a la estrategia para superar el resentimiento que se describe en el capítulo 9. Al final de tu proceso de sanación, el subtexto del perdón será algo parecido a esto: "Yo te perdono por recordarme que a veces me siento despreciado, inadecuado e indigno de ser amado. Sé que soy valioso y digno de amor, porque yo valoro y amo a otros. Siempre que piense en cómo me lastimaste, valoraré a alguien o algo y demostraré amor a una persona importante en mi vida, y eso me recordará lo valioso y digno de amor que realmente soy."

Recuperar el poder de esta forma hace el perdón relativamente fácil, una vez que estás completamente sanado, a través del trabajo de valor fundamental. Mientras te sientas impotente, el perdón es prácticamente imposible.

En mi experiencia clínica, el perdón que más dura es pasivo, no intencional. Cuando te concentras en la autocompasión y desarrollas tu valor fundamental, el perdón, como la confianza, te sorprenden, ya sea en forma de desapego o, si decides reparar tu relación, como reinversión emocional completa. Tú te darás cuenta de que has sanado tus heridas emocionales y de que eres capaz de crear la vida de valor y significado que has anhelado y que te mereces.

Punto final

Ayudarte a controlar tu bienestar emocional con el significado de tu experiencia ha sido el propósito de este libro. Espero que la estrategia te haya llevado hasta el punto en el que hayas crecido más que tu dolor, o al menos hasta donde puedas ver el progreso hacia ese fin. La mayor parte del libro se basa en hallazgos neurológicos recientes: cómo el cerebro crea hábitos y forma nuevas células a través de la concentración y repetición, y cómo podemos guiar nuestro desarrollo neurológico sabiamente escogiendo en qué concentrarnos y qué repetir, de acuerdo con nuestros valores más profundos. Sin embargo, la inspiración inicial del libro es anterior a la revolución en la ciencia del cerebro.

Una mujer maravillosamente perspicaz e intuitiva de la historia temprana de la terapia familiar, mediante genialidad pura y sin el beneficio de los avances en la neurología e imagenología del cerebro, parecía saber todo lo que hemos aprendido desde entonces. Virginia Satir (1983) comparó la vida con un jardín con rocas y flores. No podemos hacer gran cosa acerca de las rocas de la vida; ya sea que la gente nos mienta, engañe, robe, lastime o traicione. Si nos concentramos en las rocas, la vida será inhóspita y desoladora. En cambio, siempre podemos plantar más flores (crear más valor). Mientras más flores cultivamos, menos importantes se hacen las rocas y la vida se torna más enriquecida. La psique humana se sana a sí misma plantando más flores.

Referencias

Babcock, J. C., y R. Steiner (1999). *"The Relationship between Treatment, Incarceration, and Recidivism of Battering: A Program Evaluation of Seattle's Coordinated Community Response to Domestic Violence."* [La relación entre tratamiento, encarcelamiento y la reincidencia del maltrato: Una evaluación de programa de la Respuesta Coordinada Comunitaria a la Violencia Doméstica de Seattle] *Journal of Family Psychology* 13: 46-59.

Baron, R. A. (1984). *"The Control of Human Aggression: An Optimistic Overview."* [El control de la agresión humana; un resumen optimista] *Journal of Social and Clinical Psychology* 69: 97-119.

Baron, R. A. (1984). *"Reducing Organizational Conflict: An Incompatible Response Approach."* [Reducir el conflicto de la organización: Un estudio de respuestas incompatibles] *Journal of Applied Psychology* 69: 272-279.

Bowlby, J. (1969). *Attachment.* Vol. 1 of *Attachment and Loss* [El apego. Vol. de El apego y la pérdida]. New York: Basic Books.

Bowlby, J. (1973). *Separation: Anxiety and Anger*. Vol. 2 of *Attachment and Loss* [La separación: La ansiedad y la ira; Vol. 2 de El apego y la pérdida]. New York: Basic Books.

Bowlby, J. (1977). *"The Making and Breaking of* Affectional *Bonds: I. Etiology and Psychopathology in the Light of Attachment Theory"* [Formación y pérdida de los vínculos afectivos: I. Etiología y psicopatología a la luz de la teoría del apego]. *British Journal of Psychiatry* 130: 201-210.

Bowlby, J. (1980). *Loss: Sadness and Depression*. Vol. 3 of *Attachment and Loss* [La pérdida: La pérdida y la depression. Vol. 3 de El apego y la pérdida]. New York: Basic Books.

Brickman, P., D. Coates, y R. Janoff-Bulman (1978). *"Lottery Winners and Accident Victims: Is Happiness Relative?"* [Ganadores de la lotería y víctimas de accidentes: ¿Es la felicidad relativa?] *Journal of Personality and Social Psychology* 36: 917-927.

Byrne, G. J., B. Raphael, y E. Arnold (1999). *"Alcohol Consumption and Psychological Distress in Recently Widowed Older Men."* [Consumo de alcohol y angustia psicológica en hombres mayores viudos recientemente] *Australian and New Zealand Journal of Psychiatry* 33: 740-747.

Coontz, S. (2006). *Marriage, a History: How Love Conquered Marriage*. [Historia del matrimonio: Cómo el amor conquistó el matrimonio] New York: Penguin Books.

Diener, E. (2009). *"Subjective Well-Being."* [Bienestar subjetivo] *Social Indicators Research Series* 37: 11-58.

Eldridge, K. A. y A. Christensen (2002). *"Demand-Withdraw Communication during Couple Conflict: A Review and Analysis."* In Understanding Marriage: Developments in the Study of Couple Interaction, ["Comunicación demanda-retiro durante los conflictos de pareja: Resumen y análisis" en Comprender el matrimonio: avances en el estudio de la interacción de pareja] editado por P. Noller y J. A. Feeney, 289-322. New York: Cambridge University Press.

Gottman, J., C. Rabin, R. Levenson, L. Carstensen, N. Jacobson, y R. Rushe (1994). *"Gender Differences in Marriage: Recent Research on Emotions"* [Diferencias de género en el matrimonio: estudios recientes sobre emociones]. Neuropsy 9: 68-69.

Gottman, J. (1995). *Why Marriages Succeed or Fail: And How You Can Make Yours Last* [Por qué el matrimonio es exitoso o fracasa: y cómo puedes hacer que el tuyo dure]. New York: Simon and Schuster.

Hatfield, E., J. T. Cacioppo, y R. Rapson (1994). *Emotional Contagion* [Contagio emocional]. New York: Cambridge University Press.

Katz, J. 1990. *Seductions of Crime: Moral and Sensual Attractions in Doing Evil* [La seducción del crimen: La atracción moral y sensual de hacer el mal]. New York: Basic Books.

Love, P. y S. Stosny (2008). *How to Improve Your Marriage without Talking about It: Finding Love beyond Words* [Cómo mejorar su matrimonio sin hablar al respecto: Encontrar el amor más allá de las palabras]. New York: Broadway Books.

MacDonald, G. y M. R. Leary (2005). *"Why Does Social Exclusion Hurt? The Relationship between Social and Physical Pain"* [¿Por qué duele la exclusion social? La relación entre el dolor social y físico]. *Psychological Bulletin* 131: 202-223.

Margolin, G. y A. Christensen (1981). *"The Treatment of Marital Problems." In Clinical Behavior Therapy and Behavior Modification,* ["El tratamiento de los problemas maritales". En Terapia clínica del comportamiento y modificación del comportamiento]. editado por R. J. Daitzman. New York: Garland.

Maureille, B. (2002). *"Lost Neanderthal Neonate Found"* [Hallazgo de Neonato Neandertal perdido]. *Nature* 419: 33-34.

Mawson, A. R. 1999. *"Stimulation-Induced Behavioral Inhibition: A New Model for Understanding Physical Violence"* [La inhibición conductual inducida por estimulación: Un modelo nuevo para entender la violencia física]. *Integrative Physiological and Behavioral Science* 34: 177-197.

Morrison, M. y N. Roese (2011). *"Regrets of the Typical American: Findings from a Nationally Representative Sample"* [Arrepentimientos del americano típico: Hallazgos en una muestra nacionalmente representativa]. *Social Psychological and Personality Science* 2: 576-583.

Rhodes, R. (1999). *Why They Kill* [Por qué matan]. New York: Random House.

Satir, V. (1983). *Of Rocks and Flowers* [De rocas y flores]. Videocassette. Kansas City, MO: Golden Triad Films.

Seider, B., G. Hirschberger, K. L. Nelson, y R. W. Levenson (2009). *"We Can Work It Out: Age Differences in Relational Pronouns, Physiology, and Behavior in Marital Conflict"* [Podemos resolverlo: diferencias de edad en pronombres relativos, fisiología y comportamiento en el conflicto marital]. *Psychological Aging* 24: 604-13.

Stosny, S. (1995). *Treating Attachment Abuse: A Compassionate Approach* [Tratamiento del abuso por apego: un modelo compasivo]. New York: Springer Publishing.

Vorauer, J. D. y T. A. Sucharyna (2013). *"Potential Negative Effects of Perspective-Taking Efforts in the Context of Close Relationships: Increased Bias and Reduced Satisfaction"* [Efectos negativos potenciales en los esfuerzos por tomar perspectivas en el contexto de las relaciones cercanas: Sesgo aumentado y satisfacción reducida]. *Journal of Personality and Social Psychology*. 104: 70-86.

Williams, R. y V. Williams (1993). *Anger Kills* [La ira mata]. New York: Random House.

Wingood, G. M., R. J. DiClemente, y A. Raj (2000). *"The Adverse Sexual Health, Mental Health, and Physical Abuse–Related Consequences of Intimate Partner Abuse among Women in Rural and Non-Urban Domestic Violence Shelters"* [Las consecuencias adversas sobre la salud sexual, la salud mental, y por abuso físico del abuso de una pareja abusiva entre mujeres en albergues rurales y no urbanos contra la violencia doméstica]. *American Journal of Preventive Medicine* 19: 270-75.

Vivir y amar después de una traición,
de Dr. Steven Stosny
se terminó de imprimir en febrero de 2015
en Quad/Graphics Querétaro, S. A. de C. V.,
Fracc. Agro Industrial La Cruz El Marqués
Querétaro, México.